Hans-Christoph Kölsch

Neurolinguistisches Programmieren
NLP –
kurz & praktisch

Herausgegeben von Gabriele Wälder

Hans-Christoph Kölsch

Neurolinguistisches Programmieren

NLP –
kurz & praktisch

Verlag Hermann Bauer
Freiburg im Breisgau

Die Deutsche Bibliothek – CIP-Einheitsaufnahme

Kölsch, Hans-Christoph:
NLP – kurz & praktisch : neurolinguistisches Programmieren /
Hans-Christoph Kölsch. [Hrsg. von Gabriele Wälder]. –
1. Aufl. – Freiburg im Breisgau : Bauer, 1997
  (... – kurz & praktisch)
  ISBN 3-7626-1112-2

Die Reihe »... – kurz & praktisch« erscheint im Verlag
Hermann Bauer KG, Freiburg im Breisgau

1. Auflage 1997
ISBN 3-7626-1112-2
Lektorat: Dr. Sonja Klug, Rheinbach
Einband: Ralph Höllrigl, Freiburg im Breisgau
Satz: CSF · ComputerSatz GmbH, Freiburg im Breisgau
Druck und Bindung:
Freiburger Graphische Betriebe, Freiburg im Breisgau
Printed in Germany

Inhalt

3. Teil

Praktische Lebenskunst –
Einfacher leben mit NLP

4. Teil

Ihr Lebensglück

1. Teil

Einführung

Herzlich willkommen!

Schön, daß Sie sich für Neurolinguistisches Programmieren, kurz NLP, interessieren. Das zeigt, daß Sie sich um ihre eigene Weiterentwicklung bemühen. Sie geben damit zu verstehen, daß Sie mehr aus sich und Ihrem Leben machen wollen.

Welchen Nutzen haben Sie von diesem Buch?

- Sie erfahren einiges über NLP und sich selbst;
- Sie lernen die effektivsten »Werkzeuge« des Neurolinguistischen Programmierens (NLP) im Alltag mit Nutzen anzuwenden, und
- Sie arbeiten Ihre Lebensaufgabe und Ihre Lebensziele heraus und können dadurch einen glückbringenderen Weg einschlagen.

Sie können alle Inhalte des Buches sofort in Ihrem Alltag umsetzen.

Es gibt bereits sehr viele Bücher über NLP. Sie wenden sich allerdings häufig an Kenner oder Anwender von NLP. Dieses Buch hingegen wendet sich direkt an den »unbedarften« Laien und ist daher verständlich und einfach strukturiert.

Was kann NLP, und wie kann man es erfahren? Dies zu erklären, ist das zentrale Anliegen dieses Buches. Dazu wurden viele Übungen eingebaut, die leicht nachvollziehbar sind. Ein weiteres Ziel ist es, NLP in den sinnübergreifenden Zusammenhang von Spiritualität und Lebensglück zu stellen.

Nach der Einführung in NLP im ersten Teil werden
Sie im zweiten Teil des Buches Schritt für Schritt mit
den wichtigsten Begriffen und Techniken vertraut gemacht, wobei hier nur eine Auswahl aus dem großen
Fundus des Pools vorgestellt werden kann. Die Techniken reichen von *Anker* bis *Win-Win*. Einerseits werden die Fachausdrücke eingeführt und erklärt, andererseits werden Sie in klarer und verständlicher Sprache die Techniken lernen. Dies ist verbunden mit einer
ganzen Reihe von Übungen, die Sie zum Teil allein
und zum Teil mit anderen machen können.

Manche Technik und manches Modell ist schon äl-
ter als NLP. Ihnen wird das eine oder andere daher
vertraut vorkommen. Verdienst des NLP ist es, aus
ungeschliffenen Diamanten kostbarste Brillanten gemacht zu haben. Sie werden im Rahmen der Techniken
und Übungen Wiederholungen finden. Diese haben
den Sinn, daß Sie die Informationen durch verschiedene Kanäle – Augen, Ohren und Gefühl – aufnehmen
und dadurch besser behalten.

Im dritten Teil »Praktische Lebenskunst« kommt
der Nutzen des NLP besonders stark zur Geltung.
Hier werden Ihnen NLP-Anwendungsmöglichkeiten
für Alltag, Beruf, Kreativität und Entspannung gezeigt.
Dieser Teil soll Sie dazu anleiten und anregen, viele
praktische Dinge in Ihrem Alltag auszuprobieren.
»Ein Pfund Tatkraft wiegt mehr als tausend Tonnen
Wissen.« Ganz in diesem Sinne werden Sie angehal-
ten, praktisch zu handeln, denn der Geist des NLP lebt
vom Handeln. Damit ist kein blinder Aktivismus gemeint, sondern es geht darum, das Gelesene auch anzuwenden. Außer etwas Glück und Erfolg werden Sie
eine ganze Menge Spaß als Belohnung haben. Und den
sollten Sie sich nicht entgehen lassen.

Der dritte Teil beschäftigt sich weiterhin mit NLP
und Spiritualität. Nachdem die möglichen Wechsel-
wirkungen zwischen beiden besprochen wurden, geht

es konkret um Energiearbeit. Sie werden einiges über den Zusammenhang zwischen NLP und Chakren erfahren, auch über Energie und Meditation.

Im vierten Teil steht dann Ihr Lebensglück im Mittelpunkt. Hier wird das *Flow*-Konzept von Mihaly Csikszentmihalyi erläutert, verdeutlicht und mit NLP verknüpft. *Flow* hat mit Glück – sprich: Lebensglück – zu tun. Im *Flow*-Konzept schließt sich der Kreis von alten Weisheitslehren und wissenschaftlich nachgewiesenen Erkenntnissen. Anschließend folgen einige Kapitel, die Ihnen dabei helfen sollen, Ihren Lebenssinn und Ihre Lebensaufgabe herauszufinden. Dies geschieht durch Übungen, Fragelisten und Anregungen. Dabei geht es wirklich ans »Eingemachte«. Sie werden gehalten, viel für sich, Ihre Zukunft und Ihre Gegenwart zu tun. Sie können sich mit viel Spaß und Lust auf diesen Teil des Buches einlassen, wenn Sie die vorausgegangenen Übungen gemacht haben.

Dieses Buch wird Sie dazu anregen, geistig viele Schritte in Richtung Ihres Lebensglücks zu gehen. Es wird Sie vielleicht auch dazu ermuntern können, sich noch intensiver mit NLP auseinanderzusetzen. Wenn Sie das Buch durchlebt haben, können Sie nicht nur konsequent über NLP mitreden, Sie werden auch spürbar glücklicher sein. Das kann ich Ihnen versprechen. Vielleicht werden Sie einfach nur noch handeln – ganz im Sinne von Buddhas Wort: »Sei dir selbst ein Licht.«

Wenn Sie Fragen haben, wie Sie mit NLP weiterkommen, können Sie sich an die hinten im Buch aufgeführten Adressen oder direkt an den Autor wenden, denn die beste Möglichkeit, NLP zu lernen, ist, es mit anderen Menschen, mit Gleichgesinnten, zu tun.

Sicherlich wird es auch in Ihrer Nähe einen Kurs mit und über NLP geben, z. B. in der Volkshochschule. Bei dem im Adreßteil genannten Verband der NLPler

können Sie sich erkundigen, wenn Sie die Qualifika-
tion etwaiger Lehrer, Therapeuten oder Trainer prüfen wollen, denn es ist nicht überall NLP drin, wo
»NLP« draufsteht. Und andererseits ist manches, was
sich nicht »NLP« nennt, dennoch NLP.

Wenn Sie sich etwas Gutes tun wollen, lesen Sie das
Buch entspannt, ausgerüstet mit Bleistift, Papier und
Markierstift, und hören Sie gleichzeitig vielleicht klas-
sische oder andere Musik, die Sie zum Lernen inspi-
riert. Nehmen Sie sich Zeit für die Übungen und Aufgaben – es lohnt sich, denn der Weg ist das Ziel. Sie
werden einige Arbeitsbögen und Schaubilder im Buch
finden. Sie dienen als Hilfe bei den Übungen und als
Illustration einiger Gedankengänge.

NLP macht Spaß, fördert die Gesundheit und tut
etwas für Ihren Erfolg, Ihre Gesundheit und Ihre
Schönheit – kurzum: Sie werden nach kurzer Zeit feststellen, gar nicht mehr ohne NLP leben zu können,
denn Sie haben schon Ihr ganzes Leben lang NLP in
der einen oder anderen Form praktiziert, nur wahrscheinlich weniger bewußt und systematisch. Mit diesem Buch können Sie Ihr Potential jetzt wiederentdek-
ken und freilegen.

Hinweis

Die in diesem Buch beschriebenen Methoden und Rat-
schläge sind mit Sorgfalt zusammengestellt. Dennoch
übernehmen weder der Autor noch der Verlag die Ver-
antwortung dafür, wie diese Methoden gebraucht werden. Bei Erkrankungen, Schmerzen oder seelischen
Störungen ist eine ärztliche und/oder psychotherapeu-
tische Beratung in jedem Fall ratsam.

Was ist Neurolinguistisches Programmieren?

»Meine sehr geehrten Damen und Herren, um im Leben erfolgreich zu sein, brauchen Sie sich nur drei Dinge zu merken:

1. Machen Sie sich klar, was Sie wollen. Behalten Sie in jeder Situation eine klare Vorstellung von Ihrem Ziel.
2. Seien Sie wachsam, und halten Sie Ihre Sinne offen, so daß Sie wahrnehmen, was Sie bekommen.
3. Haben Sie die Flexibilität, das, was Sie tun, so lange zu verändern, bis Sie das bekommen, was Sie wollen.«

(Joseph O'Connor / John Seymour: *Neurolinguistisches Programmieren*, S. 34)

Diese Worte beschreiben sehr exakt und auf den Punkt gebracht, um was es im NLP geht: Es geht um Ziele, es geht um Potential, und es geht um die notwendige Flexibilität, das Potential zu entfalten und auf das Ziel auszurichten. Oder – um es noch knapper mit der Möwe Jonathan zu sagen: »Man muß schon dasein, bevor man angekommen ist.«

Das Geburtsjahr des Neurolinguistischen Programmierens ist 1972. In diesem Jahr untersuchten der Linguist John Grinder und der Psychologe Richard Bandler die Lehren der drei Top-Therapeuten Fritz Perls (Gestaltpsychologe), Virginia Satir (Familientherapeutin) und Milton Erickson (Hypnotherapeut). Bandler und Grinder wollten dem Erfolgsgeheimnis ihrer

Therapien auf die Schliche kommen, um das Wissen der »Magier« an Schüler weitergeben zu können. Die dabei entwickelten Techniken und Modelle waren so erfolgreich und effektiv, daß NLP geboren wurde. Wortwörtlich geht es beim NLP um Nerven(bahnen) – daher: *Neuro* –, um Sprache und Worte – daher: *linguistisch* – und um Programme – daher: *Programmieren*.

Aus NLP wurde eine eigene »Schule«, die weltweit Verbreitung fand. Die anfängliche Kurzzeittherapie entwickelte sich zu einem Instrument mit einem umfangreichen Werkzeugkasten für viele Facetten des Lebens wie persönliches und spirituelles Wachstum, Kommunikation, Lernen usw. Viele der Instrumente und Werkzeuge sind »Eingeweihten« und Weisen seit alters her bekannt. Das wirklich Neue an NLP ist einerseits die Zusammenstellung dieser Instrumente in der Werkzeugkiste und andererseits das Herausschälen des wirklich Wesentlichen dieser Instrumente. NLP ist elegant und schnörkellos.

Jeder Mensch sieht die Welt mit seinen Augen, hört sie mit seinen Ohren, ertastet sie mit seinen Händen, schmeckt sie mit seiner Zunge, riecht sie mit seiner Nase und empfindet seine ureigensten Gefühle. Um diese verschiedenen Sinneswahrnehmungen geht es im NLP. Alles, was wir wahrnehmen, akzeptieren wir als wahr durch unsere Sinnesorgane, quasi unsere Antennen zur Welt: Augen, Ohren, Nase, Zunge, Haut. In unserem Gehirn entsteht ein für uns wichtiger, d. h. relevanter, Eindruck von der Welt. Der Geist ist die Schaltzentrale, die entscheidet, was wir genau empfinden, ähnlich dem Regieraum in Fernsehanstalten, wo viele Monitore die Bilder der Kameras zeigen. Der Fernsehzuschauer zu Hause sieht und hört nur, was vom Regisseur ausgewählt wurde. Doch beim NLP sind Sie selbst der Regisseur.

Aus einer anderen Richtung betrachtet, können Sie sich unter NLP ganz einfach eine Methode vorstellen, die Ihnen die Kontrolle über Ihr Empfinden, Ihren Glauben, Ihr Handeln – kurz: über sich selbst – (wieder-)gibt.

Voraussetzung für erfolgreiches Arbeiten im NLP sind u. a. folgende Annahmen:

1. Im Prinzip funktionieren alle Menschen (schon) perfekt.
2. Menschliches Verhalten spielt sich auf einer bewußten und einer unbewußten Ebene ab.
3. Alle Fähigkeiten und Möglichkeiten, sich zu verändern, hat der Mensch schon. (Es ist alles schon da.)
4. Menschen können sich *schnell* verändern.
5. Verhalten, selbst wenn es unsinnig oder gar schmerzlich erscheint, ist entstanden, weil es zu einer bestimmten Zeit nützlich oder erfolgreich war.
6. Ein klares Ziel ist Voraussetzung für eine erfolgreiche Verhaltensänderung.
7. Erfolgreiche Veränderungen berücksichtigen immer den ganzen Menschen, d. h. seine Ziele, Umwelt, Werte usw. Sie müssen langfristig die innere und äußere Harmonie erhöhen.
8. Das Ziel einer Veränderung muß konkret vorstellbar sein.

Im Verlauf der Lektüre werden diese Annahmen für Sie immer klarer werden.

NLP im Unterschied
zur klassischen Psychologie

Die traditionelle und »akademische« Psychologie hat
sich in erster Linie mit Kranken beschäftigt und daraus
die Schlüsse auf gesunde Menschen gezogen. Es ist
einleuchtend, daß ein Menschenbild und Modell mit
einem solchen Ausgangspunkt anders ausfallen muß als
eines, das menschlich wesentliche Fragen direkt stellt
und sie von Menschen beantworten läßt, die schon die
Antworten dazu haben. Der traditionelle Ansatz fragt
z. B.: Warum ist der Patient krank, warum hat er einen
Waschzwang? Im gleichen Fall würde ein NLPler fragen: Wie macht der Patient das? Welchem seiner Persönlichkeitsteile nützt der Waschzwang; kann derselbe
Effekt nicht auf andere Art bewirkt werden?

Während die traditionelle Psychologie vom defek-
ten Menschen ausgeht und sich auf die Suche nach
dem langwierigen Warum macht, kürzt NLP pragmatisch ab und läßt den Patienten bestimmen, wohin die
Reise gehen soll und welches Ziel er hat. NLP fragt
nach dem Wie: Was genau ist zu tun, um das Verhalten
dauerhaft in der gewünschten Art ändern zu können?

NLP hat sich positiv an folgenden Fragen orientiert:
Wie können Menschen glücklicher, erfolgreicher, zu-
friedener sein? Welche Menschen sind schon an diesem Ziel angelangt, und wie machen sie das? Für die
NLP-Denke sind die Lösungen bereits in den Problemen enthalten. Bildlich gesprochen, ist es für die her-
kömmliche Psychologie wichtig zu wissen, wie und
warum ein Auto funktioniert. Ein NLPler hingegen
setzt sich hinein und fährt los.

Häufig gestellte Fragen und ihre Antworten

Wie schnell und zuverlässig funktioniert NLP?
Wenn Sie bei sich den Glaubenssatz etabliert haben, daß Veränderungen schnell vonstatten gehen können, wirkt NLP sehr schnell und ebenso zuverlässig. Gerade weil viele andere Therapien bzw. Änderungsprozesse vergleichsweise lange Zeit in Anspruch genommen haben, konnte sich NLP mit seinem andersartigen Ansatz als Kurzzeittherapie etablieren, und zwar außerordentlich erfolgreich. Deswegen können Sie sicher sein, daß NLP schnell und zuverlässig funktioniert.

Wobei läßt sich NLP konkret im
normalen Alltag anwenden?
Sie können sich überlegen, inwieweit Sie Ihre Lebenssituation mit einfachen Anwendungen von NLP aufbessern, verbessern möchten. Hier seien einfach Stichworte in alphabetischer Reihenfolge genannt: Abnehmen; allein sein; alt werden – jünger werden; sich selbst und anderen Anerkennung zollen; Ängste besiegen; Armut besiegen, sprich: reich werden; Ausdauer, Ausstrahlung, Charisma entwickeln; Begeisterung zeigen; beweglich werden; Bewußtsein und Bewußtheit steigern; Beziehungen verbessern – die persönlichen, privaten und auch die beruflichen; Charakter entwickeln; Dankbarkeit zeigen; das Denken optimieren, z. B. mit Kreativitätstechniken; frei von Drogen werden; die Ehe, Partnerschaft verbessern; Einsamkeit überwinden; die Beziehung zu den Eltern, Geschwistern, Mit-

menschen verbessern; Emotionen, emotionale Intelligenz entfalten; Energie steigern; Mut, Kraft entwickeln; Entscheidungen treffen; sich entspannen; die Ernährung optimieren; Erotik genießen; Eßstörungen beseitigen; die Fitneß verbessern; Flugangst beseitigen; Ihre persönliche Freiheit erhöhen; Ihre Freizeit optimieren; mehr Freude empfinden; Freundschaften verbessern; Frustrationen auflösen; das Gedächtnis optimieren; Gefühle entwickeln; Gelassenheit, Geduld entwickeln; die Harmonie steigern; Heiterkeit zeigen; Hektik, Hilflosigkeit überwinden; die Kindererziehung verbessern; das Konsumverhalten ändern; die Konzentration stärken; Kooperation mit anderen Menschen – beruflich und privat; Kopfschmerzen beseitigen; Körpersprache und Körperhaltung verstehen; Kreativität entfalten; Langeweile beseitigen; Lebensfreude steigern; Lebensziele festlegen; Lernen; managen lernen: sich selbst, andere, Projekte und Situationen; Meditation erlernen; mehr Menschenkenntnis erlangen; Menstruationsprobleme in den Griff bekommen; mentales Training üben; die Midlifecrisis bewältigen; *Mindmapping* trainieren; Mitarbeiter führen; Neid und negative Gefühle abbauen; Nervosität bekämpfen; neue Wege gehen; Peinlichkeiten vermeiden; die Persönlichkeit entfalten; Phantasie entwickeln usw. (siehe Kölsch: *ABC der NLP-Anwendungen*).

Gibt es Nebenwirkungen, kann ich mit NLP etwas falsch machen?

Zu Nebenwirkungen fragen Sie Ihren Arzt und/oder Apotheker – Scherz beiseite. NLP, richtig angewendet, hat keine Nebenwirkungen. Dazu muß allerdings die Einschränkung gemacht werden, daß wir von normal gebauten, konstitutionell stabilen Menschen ausgehen. D.h. also, sollten Sie bereits in einer Therapie sein, sollten Sie seelische Probleme haben, dann fragen Sie Ihren Therapeuten bzw. Ihren Arzt. Sprechen Sie ihn auf dieses Buch an, und hören Sie, was er sagt. Die Übungen in diesem Buch sind derart konzipiert und von so vielen Menschen erprobt, daß im Grunde nichts schiefgehen kann, denn Ihr größter Schutzengel ist Ihr eigenes Unterbewußtsein, das sich sehr wohl verbittet, Prozesse in Gang zu setzen, die Ihnen schaden. Deswegen vertrauen Sie – glauben Sie und vertrauen Sie. NLP konnte schon Tausenden von Menschen helfen. Lassen Sie sich auch zu einem glücklicheren, zufriedeneren Leben verhelfen.

Ich finde die NLP-Techniken zwar interessant, möchte aber niemanden manipulieren. Was kann ich tun, um trotzdem NLP ausüben zu können?
Diese Frage wird häufig gestellt von Menschen, die liebevoll mit sich und anderen umgehen wollen, ohne zu manipulieren oder manipuliert zu werden. Doch überlegen Sie einmal genau: Gibt es überhaupt Situationen, in denen wir nicht in irgendeiner Weise beeinflussen? Ist es nicht so, daß jemand, sobald er den Mund auftut und spricht, sobald er etwas zeigt und aktiv ist, gleichzeitig Einfluß auf dieses Universum nimmt?

Der Gedanke, auf den ich hinausmöchte, ist folgender: NLP versetzt Sie in jedem Fall in die Lage, Möglichkeiten und Mittel zu durchschauen, wenn andere Menschen versuchen, Einfluß auf Sie zu nehmen und Sie im negativen Sinn zu manipulieren. Wieweit Sie NLP einsetzen, um Ihre eigenen Ziele mittels anderer Menschen zu erreichen, das ist Ihnen selber überlassen. Diese Freiheit haben Sie, und Sie können sie zum Guten wie zum Bösen nutzen.

Nicht Einfluß zu nehmen auf diese Welt, bedeutet, freiwillig mit geschlossenen Augen durch die Welt zu gehen – oder freiwillig die Ohren zu schließen, nichts fühlen zu wollen. Selbstverständlich soll hier nicht der Manipulation Tür und Tor geöffnet werden, die einem

Eskimo einen Kühlschrank verkauft oder einem Sahara-Bewohner einen Ofen. NLP soll aber seinen Beitrag dazu leisten, die Welt ein klein wenig besser zu machen. Dabei gilt der kategorische Imperativ von Kant, der übertragen und platt gesagt heißt: Was du nicht willst, das man dir tut, das füge auch keinem anderen zu. Oder, positiv und eher in den Worten Kants formuliert: Handle jederzeit so, daß aus dem, was du tust, ein allgemeingültiges Gesetz werden könnte.

Woher weiß ich, daß eine NLP-Technik im
Ernstfall auch funktioniert?
Das wissen Sie nicht ganz sicher im voraus, aber aufgrund der Prozedur, die Sie bei der Anwendung oder beim Setzen einer Technik durchlaufen haben, wissen Sie sehr wohl, wie weit es funktionieren kann. Je gründlicher Sie die Übungen in diesem Buch durcharbeiten, je mehr Sie NLP für sich im Alltag einsetzen, desto sicherer werden Sie in der Anwendung und desto sicherer ist auch die Wirkung. Und dann hilft auch Ihr Glaube daran, daß es funktioniert.

Eine Sicherheit, daß es funktioniert, bieten Ihnen auch der *Future Pace* und der Öko-Check. Mit *Future Pace* ist folgendes gemeint: Sie stellen sich mental vor, wie es ist, wenn Sie das gewünschte Ziel erreicht haben. Denn nur solche Situationen, die Sie für sich als gültig in der Zukunft betrachten können, haben die Kraft, sich zu verwirklichen. Je besser Sie sich den entsprechenden Schritt in die Zukunft vorstellen und ihn innerlich erleben können, desto sicherer und wahrscheinlicher ist seine Materialisierung in der Wirklichkeit.

Öko-Check oder Ökologiecheck heißt: Sie überprüfen, ob das für Sie erstrebte zukünftige Ziel *harmonisch* ist. Damit stellen Sie sicher, daß Sie nur sinnvolle Ziele anstreben, die mit Ihrer Person und Ihrer Umwelt übereinstimmen, ihnen entsprechen. Haben Sie Probleme, sich ein Ziel mit allen Ihren Sinnen so vorzustellen, als wäre es bereits Wirklichkeit, dann haben Sie entweder ein unpassendes Ziel gewählt, oder die Zeit ist noch nicht reif für die Verwirklichung.

Woher weiß ich, welche der Techniken ich im konkreten Fall einsetzen muß?
Durch die Übung und Erfahrung, die Sie sich im Laufe der Zeit aneignen. Es gibt viele Wege, die nach Rom führen. Und ebenso gibt es viele Wege, die zur Lösung Ihres jeweiligen Themas oder Problems führen. Wichtig ist: Tun Sie es einfach, dann werden Sie im Laufe der Zeit ein Gefühl dafür entwickeln, welche Technik gerade angesagt ist, welche Technik Ihnen bei der Lösung des jeweiligen Themas helfen kann. Und wenn eine nicht so funktioniert, wie Sie es gerne hätten, dann probieren Sie die nächste; es ist nämlich gerade beim NLP möglich, ein Problem mit unterschiedlichen Techniken zu lösen, so daß Sie sich häufig eine Ihnen genehme aussuchen können.

2. Teil

NLP-Techniken - Hilfreiche Werkzeuge für den Alltag

Durchführen der Übungen

Techniken sind im NLP Werkzeuge. Es sind sinnvolle Helfer, die Ihren Alltag angenehmer machen können. Je größer Ihre Fertigkeiten im Umgang mit den Werkzeugen sind, desto größer sind auch Ihre Erfolge. Hier gilt wie fast immer im Leben: Übung macht den Meister.

Gelegenheit zu üben finden Sie bei den nun folgenden Aufgaben reichlich. Wenn Sie Schritt für Schritt die Techniken erarbeiten und einüben, werden Sie schnell von der Einfachheit und Wirksamkeit der NLP-Werkzeuge fasziniert sein.

Sie können selber die Reihenfolge der Übungen festlegen. Beginnen Sie mit solchen, von denen Sie sich am ehesten angesprochen fühlen, und gehen Sie dann zu den Techniken, die Sie weniger gern mögen. Es ist völlig normal, daß man die eine oder andere Lieblingstechnik hat. Bloß sollte man nicht zu unflexibel sein und die Erfahrungen auf zu wenige Techniken beschränken.

Suchen Sie sich zum Üben jeweils einen stillen Platz, an dem Sie die nächsten 15 Minuten nicht gestört werden. Dort entspannen Sie sich. Wenn Sie zur Ruhe gekommen sind, lesen Sie zuerst die Gebrauchsanleitung zur jeweiligen Übung. Dann üben Sie die Technik und testen das Ergebnis, wie es dort beschrieben steht. In den allermeisten Fällen werden Sie die Übungen leicht durchführen können. Sollte es mal nicht so laufen, wie Sie es gerne hätten, wiederholen Sie die Aufgabe, oder wenden Sie sich einer anderen Technik zu.

Also insgesamt sind folgende Schritte bei jeder
Übung nötig:

1. Oase der Ruhe aufsuchen,
2. Entspannen,
3. Durchlesen des Textes,
4. Durchführen der Übung,
5. Überprüfen des Ergebnisses.

Anker – Gute Gefühle auf Wunsch

*Wenn du die Absicht hast, dich zu erneuern,
tu es jeden Tag.*   Konfuzius

Gute Gefühle auf Wunsch – geht das überhaupt? Erinnern Sie sich jetzt einmal an Ihre schönsten Stunden zu zweit. Oder denken Sie an Ihren letzten Urlaub. Was geschieht, wenn Sie sich Ihr Lieblingslied ins Gedächtnis rufen? Ergeht es Ihnen auch so, daß Sie sich die konkreten Situationen leicht vorstellen können? Haben Sie ein Bild vor Augen, oder ist es ein Video? Hören Sie auf die Geräusche? Ist es nicht so, als erlebten Sie tatsächlich die Situation noch einmal?

Was ist geschehen? Während Sie sich erinnert haben, spielte Ihnen Ihr Gehirn die entsprechenden Dateien auf. Deutlicher wird das Ganze, wenn Sie sich einmal an Wörter zu erinnern versuchen, die Sie zur Weißglut bringen. Gibt es da so etwas? Kaum wird der »Schalter« umgelegt, schon kommt es zur Reaktion. Gespeicherte Gefühle, Gedanken, Stimmungen usw. werden abgerufen. Im NLP werden diese Schalter *Anker* genannt.

Wenn wir uns in unserem Alltag umsehen, stellen wir fest, daß wir viele *Anker* haben. Da ist das gute Gefühl, wenn wir morgens wach werden und unseren Partner sehen. Oder der kleine Tanz, den niemand sieht, wenn unsere Lieblingsmelodie gespielt wird, während wir allein sind. Das Lächeln, wenn wir in strahlende Kinderaugen schauen. Oder die Farbe Lila, die uns an ein bestimmtes Produkt denken läßt. Auch bestimmte Gerüche oder Geräusche erinnern uns häufig an frühere Erlebnisse.

Übung: Anker-Inventur

Machen Sie einfach eine *Anker*-Inventur. Halten Sie schriftlich fest, welche *Anker* bei Ihnen irgendwelche besonderen Gefühle auslösen. Dann entscheiden Sie, welche *Anker* positiv sind und auf welche Sie gut verzichten können. Überflüssig zu sagen, daß Sie die positiven *Anker* verstärkt einsetzen können und sollen!

Sie können sich selber *Anker* setzen, z. B. so, daß Sie gute Laune auf Abruf haben oder »Power« oder andere Gefühle nach Wunsch empfinden. Ankern geht so:

1. Entspannen,
2. Inhalt des gewünschten Ankers erinnern,
3. Ankern,
4. Prüfen.

Welchen Zustand wollen Sie ankern? Nehmen Sie einen *Anker*, den Sie unauffällig auslösen können, und wählen Sie dafür eine Körperstelle, die sicher vor unbeabsichtigter Auslösung ist. Die folgende Übung hilft Ihnen dabei.

Übung: Power-Anker

1. Schritt: Wenn nicht schon geschehen, ziehen Sie sich an einen Platz zurück, an dem Sie die nächsten 15 Minuten ungestört sind.
2. Schritt: Machen Sie sich Gedanken darüber, wel-

ches Gefühl Sie ankern wollen und an welcher Stelle Ihres Körpers. Regionen, an die Sie im Alltag häufig und/oder versehentlich kommen, sind, wie Sie sich denken können, nicht geeignet. Beliebt und geeignet sind beispielsweise Ohrläppchen oder spezielle Berührungen an den Fingern, z. B. das Überkreuzen zweier Finger. Ihrer Phantasie sind keine Grenzen gesteckt. Sie sollten lediglich eines im Auge behalten: Der *Anker* sollte einfach, schnell, sicher und von anderen unbemerkt auszulösen sein.

3. Schritt: Entspannen Sie sich. Holen Sie tief Atem und lassen die Luft langsam – ihrem Tempo gemäß – entweichen. Wenn Sie eine andere Entspannungsmethode – Meditation oder dergleichen – beherrschen, dann setzen Sie sie ein. Wichtig ist, daß Sie locker und entspannt zum nächsten Schritt kommen.

4. Schritt: Denken Sie an eine Situation, in der Sie besonders kraftvoll und energiereich waren. Lassen Sie sich Zeit. Versetzen Sie sich zurück, erleben Sie die Situation genau so, wie sie damals war. Seien Sie dabei der Mittelpunkt, nicht der Zuschauer. Sehen Sie, was Sie damals gesehen haben, hören Sie, was Sie damals hörten, schmecken und riechen Sie, was es damals zu schmecken und zu riechen gab; fühlen Sie genau so, wie Sie damals gefühlt haben. Lassen Sie sich immer noch Zeit. Gehen Sie so intensiv wie nur möglich in diese Situation hinein. Je genauer Sie das Damalige hervorrufen können – und Sie werden erstaunt sein, wie gut das geht –, desto besser und effektiver ist es.

5. Schritt: Sie sind jetzt genau auf dem Gipfel des Erlebens. Sie »platzen« beinahe vor Power. Jetzt setzen Sie den *Anker* an der von Ihnen vorher gewählten Stelle, beispielsweise zwicken Sie Ihr

rechtes Ohrläppchen. Dann lassen Sie das Ohrläppchen los. Ihr Gefühlsempfinden lassen Sie
langsam – wann und wie Sie wollen – ausklingen.

6. Schritt: Denken Sie jetzt an etwas anderes. An
Ihren nächsten Urlaub, den nächsten Kinderge-
burtstag oder an was auch immer. Wichtig ist,
daß Sie neutralisieren oder, wie der NLPler sagt,
Ihre Empfindungen und Ihren Zustand von eben
separieren, trennen.

7. Schritt: Lösen Sie jetzt Ihren *Anker* in genau der
gleichen Weise aus, wie Sie es beim Setzen des
Ankers taten. Achten Sie darauf, was in Ihnen
vorgeht. Wenn alles gut gelaufen ist, müßte sich
jetzt intensiv das geankerte Gefühl einstellen. Ist
das so? Falls nein, nicht verzagen – wiederholen
Sie einfach die Übung.

Das Prinzip des *Ankerns* haben Sie jetzt gelernt. Die
Themen – wie z. B. Ruhe, Entspannung, Gelassenheit
und viele andere – suchen Sie entsprechend Ihren Be-
dürfnissen und Vorlieben aus, denn Sie wissen: Übung
macht den Meister. Lassen Sie sich nicht gleich vom
ersten Fehlschlag entmutigen. Seien Sie optimistisch,
und glauben Sie an sich und Ihre Fähigkeiten. Sie
können es.

Augenzugangshinweise und -bewegungsmuster

Möchten Sie wissen, was und wie Ihr Gegenüber, z. B. Ihr Partner, denkt? NLP ist unter anderem berühmt dafür geworden, mit Augenzugangshinweisen Rückschlüsse auf das Denken zu ziehen. Die Augen liefern Hinweise darauf, ob jemand sich jetzt gerade ein Bild vorstellt, ob er ein Geräusch hört, ob er etwas fühlt, riecht oder schmeckt oder eine innere Stimme hört. All diese Zustände können Sie an der Stellung der Augen ablesen. Wenn jemand nach links oben schaut, erinnert er sich z. B. an Bilder aus der Vergangenheit. Schaut er nach rechts oben, konstruiert er hingegen Bilder.

Übung: Anhand der Augenstellung die Art der Gedanken erkennen

Denken Sie bitte jetzt an Ihren Geburtstag. Wie sah die Torte aus? Wieviele Kerzen waren darauf? Wenn Sie kein Baske oder Linkshänder sind, werden Sie, um sich zu erinnern und die Bilder besser hervorrufen zu können, nach links oben geschaut haben.

Stellen Sie sich jetzt einen rosaroten Elefanten mit schwarz-weiß-grün gepunkteten Pyjamahosen vor. Dann stellen Sie sich bitte vor, daß er eine Eistüte mit blauen, roten und gelben Eiskugeln im Rüssel trägt. Um diese Eiskugeln sind lauter Lichtblitze. Wenn Sie sich das vorgestellt haben, werden Ihre Augen dabei nach rechts oben geschaut haben.

Erinnern Sie sich noch an Ihr letztes Lob von Ihrem Chef oder Ihrem Partner? Oder an ein Kompliment? Wahrscheinlich bewegen sich Ihre Augen dabei nach links.

Wie klingt es, wenn Ihr Chef zu Ihrer nächsten Beförderung gratuliert? Oder stellen Sie sich vor, wie es klingen könnte, wenn Ihre Kinder Ihnen zum Muttertag oder Vatertag gratulieren. Sind Ihre Augen jetzt rechts? Prima.

Hören Sie Ihren inneren Dialog, Ihre innere Stimme? Was spricht sie, was sagt sie? Wie klingt es? Ist es eine laute, eine leise, schnelle oder langsame Stimme? Vermutlich sind Ihre Augen jetzt nach links unten gerichtet.

Wenn Sie diese Zeilen gelesen und die Übung gemacht haben, horchen Sie einfach mal in sich hinein. Spüren Sie Ihrem Gefühl nach. Was fühlen Sie wo? Wie fühlen Sie sich jetzt? Wie geht es Ihnen? Jetzt sind Ihre Augen wahrscheinlich rechts unten.

An dieser einfachen Übung haben Sie bei sich selbst auf einfach nachvollziehbare Weise gesehen, wie es sich mit den Augenbewegungsmustern bei Ihnen selbst verhält.

Was können Sie im Alltag mit diesen Mustern anfangen? Konzentrieren Sie sich, wenn Sie das nächste Mal mit jemandem sprechen, auf seine Augenbewegungen. Wenn Sie die bevorzugte Denkart Ihres Gegenübers identifiziert haben, können Sie sich gezielt auf ihn einstellen und Ihre Gesprächsstrategie auf ihn abstimmen. Denkt Ihr Gesprächspartner beispielsweise vornehmlich in Bildern, dann können Sie sich ihm mit einer bildhaften Sprache verständlich machen, so daß Ihr Gespräch reibungsloser und erfolgreicher verlaufen wird.

Wichtig sind die Augenbewegungsmuster auch, wenn Sie z. B. Motivationsstrategien, Entscheidungsstrategien oder Lernstrategien von Vorbildern herausfinden wollen. Leider können wir diesen äußerst interessanten Aspekt in diesem Buch nicht weiter behandeln. Wer sich besonders dafür interessiert, sei auf das Literaturverzeichnis am Ende verwiesen.

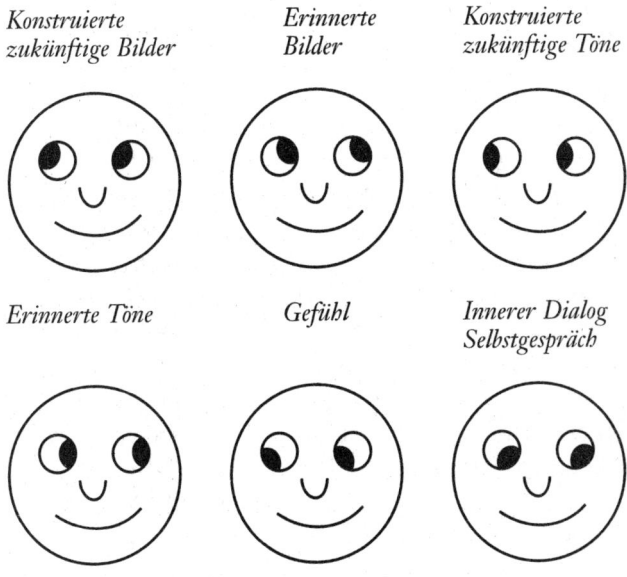

Konstruierte zukünftige Bilder	*Erinnerte Bilder*	*Konstruierte zukünftige Töne*
Erinnerte Töne	*Gefühl*	*Innerer Dialog Selbstgespräch*

Abb. 1: Augenzugangshinweise

Die Augenbewegungsmuster und die daraus resultierenden Ergebnisse im Hinblick auf Sehen, Hören, Fühlen und inneren Dialog lassen sich auch auf den gesamten Körper übertragen. Allerdings möchte ich hier einschränkend sagen, daß man die Sache nicht allzu ernst nehmen sollte. Es ist eine Art Spiel. Versuchen Sie einfach mal herauszufinden, was für Sie bzw. für Ihre Mitmenschen Gültigkeit hat.

Die Augenbewegungsmuster lassen sich auch auf den gesamten Körper übertragen. Körperbewegungen, die oberhalb der Brust gemacht werden, sind ein Hinweis darauf, daß jemand sich im visuellen Kanal bewegt. Bei Bewegungen zwischen Brust und Hüfte ist das Hören angesagt, während bei den Bewegungen unterhalb der Hüfte das Fühlen wichtig ist. Sind Jogger Menschen, die mehr fühlen? Und bewegen sich Menschen, die denken, im visuellen Kanal? Wie weit hängen der Atem, der im Brust- und Bauchbereich liegt, und das Hören zusammen?

Mitunter können Ihnen diese Hinweise durchaus wertvolle Dienste leisten. Wenn Sie beispielsweise sehen, daß Ihr Gesprächspartner permanent mit den Füßen wippt, kann das damit zu tun haben, daß er intensiver fühlt. Ist es Langeweile oder Ungeduld? Blickt er nach oben bzw. bewegt er seinen Kopf hin und her, kann es sein, daß er sich einen inneren Film anschaut. Wie bei allen NLP-Techniken und Modellen gilt auch hier: Finden Sie das für Sie Wichtige anhand eigener Erfahrung heraus. Um es mit einem bekannten Bild zu sagen: NLP ist die Landkarte; wie weit sie mit Ihrer eigenen Wirklichkeit übereinstimmt, testen Sie selbst.

Change History – Vergangenes vergangen sein lassen

Wir sind, was wir immer wieder tun.   Aristoteles

Change History heißt: die eigene subjektive Geschichte verändern oder verändert abspeichern. Wie Sie sicher aus eigener Erfahrung wissen, ist Vergangenes nicht immer auch wirklich vergangen. Allzu oft ist es in unserer Gegenwart noch präsent, kann uns einengen, in unserer Entwicklung behindern und darin blokkieren, der Mensch zu sein, der wir sein könnten.

Dabei kommt es häufig vor, daß das Geschehene in unserer Erinnerung durch den Filter des Selbstschutzes verändert abgespeichert wird. Dieser Selbstschutz ist wichtig und läßt uns nicht wie Feiglinge oder Trottel bzw. Versager dastehen. Wenn Sie beispielsweise zwei menschliche Kampfhähne fragen, wer den Streit begonnen hat, werden beide mit dem Brustton der Überzeugung den jeweils anderen als den Übeltäter bezeichnen. Wer möchte schon gerne vor sich selber ein Streithahn sein?

Allerdings kommt es auch oft genug vor, daß wir solche Ereignisse massiv negativ beurteilen, die dazu angetan sind, unser Selbstwertgefühl, unser Selbstbewußtsein auszuhöhlen und zu schwächen. Das muß aber nicht so sein oder bleiben, denn immer, wenn eine Situation nicht so verlaufen ist, wie wir sie gut gefunden hätten, können wir mit der *Change History*-Technik alten Ballast abwerfen und uns frei für neue Erfahrungen machen. Wir lernen, konstruktiv und positiv mit vermeintlich negativen Ereignissen umzugehen.

Das sind die Schritte zur praktischen Anwendung:

1. Entspannen,
2. unangenehmes Ereignis erinnern und ankern,
3. kurz an etwas anderes denken,
4. eine ideale Kraftquelle erinnern und ankern,
5. kurz an etwas anderes denken,
6. unangenehmes Ereignis mit der idealen Kraftquelle durchleben (Anker auslösen),
7. kurz an etwas anderes denken.
8. Überprüfen Sie, wie Sie ein ähnliches Ereignis in der Zukunft durchleben.

Übung: Kraft aus Niederlagen ziehen

Welches Ereignis oder welche Situation aus Ihrer Vergangenheit möchten Sie verbessern? Vielleicht ist es ein Erlebnis, bei dem Sie das Gefühl hatten, versagt zu haben, oder eine ärgerliche Begegnung mit einem Kollegen. Suchen Sie sich etwas aus. Bestimmen Sie zwei Ankerplätze.

1. Entspannen Sie sich.
2. Erinnern Sie sich an die von Ihnen gewählte Situation aus Ihrer Vergangenheit. Gehen Sie ganz und gar in die Situation hinein. Schauen Sie mit Ihren Augen, hören Sie, was es an Geräuschen, Stimmen etc. gab, gehen Sie in das Gefühl. Auf dem Höhepunkt dieses Ereignisses ankern Sie.
3. Denken Sie einen Moment an etwas anderes.
4. Welche Fähigkeiten hätten Sie damals in der Situation gut gebrauchen können, um diese besser zu meistern? Denken Sie bitte nun an die Fähigkeiten, die Sie damals gut in der unangenehmen Situation gebraucht hätten. Sie haben mittler-

weile nämlich viele neue Erfahrungen gemacht und unendlich viel dazugelernt. Welche Kraftquelle ist es, die Ihnen damals gut getan hätte, die aber aus irgendwelchen Gründen versiegelt war? Denken Sie an eine Gelegenheit, bei der diese Kraftquelle Ihnen ihren vollen Segen spendete. Gehen Sie total in diese Situation. So ist es gut. Schwelgen Sie in dem Gefühl, und ankern Sie diese Kraftquelle.

5. Denken Sie einen Moment an etwas anderes.

6. Wie wird es wohl sein, wenn Sie die unangenehme Situation mit der Kraftquelle durchleben? Dazu stellen Sie sich bitte die unangenehme Situation vor; lösen Sie den dazugehörigen Anker aus, und erleben Sie die Situation mit der Kraftquelle, indem Sie den zweiten Anker auslösen. Was geschieht? Ihr Gehirn erinnert etwas mit einem neuen Gefühl und speichert dies entsprechend ab. Machen Sie deshalb Schritt 6 so lange, bis Ihnen Ihre »unangenehme« Situation angenehm erscheint.

7. Denken Sie an etwas anderes.

8. Gehen Sie in Gedanken in die Zukunft, und denken Sie an eine ähnliche unangenehme Situation. Wie fühlt sich das an?

Können Sie die Situation jetzt mit Ihrer neu verankerten Kraftquelle problemlos bewältigen? Wenn nicht, wiederholen Sie die Übung noch einmal.

Circle of Excellence – Der Zauberkreis

Der Zauberkreis ist ebenfalls eine Ankertechnik, die
aber statt mit *Körperankern* mit *Raumankern* arbeitet.
Sie können damit positive Erfahrungen, die Sie hatten,
öfter in Ihrem Leben wiederholen. Die Schritte zur
praktischen Anwendung sind folgende:

1. Kraftquelle, Erfahrung auswählen.
2. Richten Sie einen imaginären, farbigen Kreis ein.
3. Kraftquelle in/mit dem Kreis ankern.
4. Denken Sie an etwas anderes.
5. Kreistest: Sitzt der Anker?
6. Denken Sie an etwas anderes.
7. Wählen Sie eine künftige Situation aus, in der der
   geankerte Zustand erstrebenswert ist.
8. Diese Situation entsprechend visualisieren (mit
   allen Sinnen) und in den Kreis gehen.
9. Denken Sie an etwas anderes.
10. Prüfen Sie, ob die Kraftquelle in künftigen Situa-
    tionen sprudelt.

Übung: Der Zauberkreis – mehr als eine runde Sache

Diese Übung wird im Stehen ausgeführt.

1. Welche Kraftquelle möchten Sie in Zukunft
   öfter anzapfen, welche Erfahrung häufiger
   machen?

2. Vor sich auf dem Boden ziehen Sie einen imaginären Kreis und geben ihm spontan eine Farbe.

3. Denken Sie an den gewünschten Zustand, erinnern Sie eine Situation, in der Sie diesen Zustand voll und ganz erlebt haben. Gehen Sie voll und ganz in diesen Zustand. Gehen Sie in den Kreis, sobald Sie auf dem Höhepunkt dieser Erfahrung sind.

4. Verlassen Sie den Kreis, und denken Sie an etwas anderes.

5. Gehen Sie erneut in den gedachten Kreis. Seien Sie nicht erstaunt, wenn Sie die Situation erleben. Das soll so sein.

6. Verlassen Sie den Kreis, und denken Sie an etwas anderes.

7. In welchen zukünftigen Situationen hätten Sie gerne mehr von dieser Kraftquelle?

8. Wenn es eine ganz spezielle Situation ist (etwa ein Bewerbungsgespräch), stellen Sie sich diese so plastisch wie möglich vor. Was sehen Sie dann, was hören Sie, was riechen, schmecken, fühlen Sie in dieser Situation? Wenn Sie geistig voll in der Situation sind, treten Sie in den Kreis.

9. Verlassen Sie den Kreis, und denken Sie an etwas anderes.

10. Neuer Test: Denken Sie an die bald kommende Situation, aber diesmal, ohne in den Kreis zu treten. Sind Sie zufrieden?

Modelling – Von sich und anderen lernen

Modelling ist Lernen am Modell. Die Gründer des NLP, Richard Bandler und John Grinder, wandten diese in den Vereinigten Staaten verbreitete Technik des Lernens an, um von den Meistern der Kommunikation zu lernen.

Wir alle modellieren tagaus, tagein – mal bewußt, mal weniger bewußt, mal absichtlich, mal unbeabsichtigt. Wenn wir die gleiche Zahncreme verwenden wie unser »Vorbild« in der Zahlpastareklame, tun wir das eher unbewußt. Wenn Herr Huber ein größeres Auto haben muß als sein Freund Meier, der sich auch einen neuen Flitzer zugelegt hat, dann geschieht das schon bewußter, und wenn Paulchen in der Mathematikklausur von seiner Nachbarin abschreibt, weil er weiß, daß sie die Klassenbeste ist, dann ist das nicht nur bewußt, sondern raffiniert, zumindest aber clever. »Nachmachen« ist ein königlicher Weg zum Erfolg.

Im NLP wird unter Modellieren das Übertragen erfolgreicher Konzepte, Strategien und Verhaltensweisen sowie Lösungen auf andere Bereiche oder andere Menschen verstanden. Standard-Modelle sind Kinder und Sie selber.

Ganz gleich, welches Problem Sie gerade lösen möchten – es lohnt immer die Frage, wer dieses Problem schon erfolgreich gelöst hat. Das können Sie selber sein, Freunde, Bekannte, Vorbilder oder Kinder (auch Ihr inneres Kind). Die gefundene Lösung übertragen Sie auf Ihre persönliche Situation.

Reines Nachäffen bringt Sie allerdings nicht weiter; gefragt sind vielmehr kreative Kopien. Mit kreativem Kopieren ist gemeint, daß Sie nicht eine Kopie (ein Abbild) Ihres Modells bzw. Vorbildes werden, sondern das Gelernte mit Ihrer Persönlichkeit würzen. Die Form, das Wie, kommt vom Modell, der Inhalt, das Was, hingegen kommt von Ihnen und Ihrer Persönlichkeit. Mentales »Klonen« sollten Sie anderen überlassen, denn damit verzichten Sie auf Ihr ureigenstes und persönliches Erfolgspotential. Während die Meister im Modellieren die genauen inneren Prozesse ihres Modells analysieren und entsprechend kopieren, wenden wir eine einfache und effektive Technik an.

Modellieren geht so:

1. Problem definieren.
2. Hat schon jemand vorher dieses Problem gelöst? Was sagen Freunde, Bekannte dazu? In den Medien oder in anderen Quellen nach Antworten suchen.
3. Sich von vielen möglichen Lösungen für die erfolgversprechendste entscheiden.
4. Prüfen Sie: Ist es wirklich okay, wenn diese Lösung Wirklichkeit geworden ist?
5. Handeln Sie!

Übung: Modellieren Sie eine Hochzeit

Was halten Sie davon, das Modellieren einmal am Projekt einer Hochzeit zu üben? Wählen Sie Ihre eigene Hochzeit, falls Sie Ihnen noch bevorsteht, oder auch die von Freunden oder Verwandten, wenn Sie sie (mit-)arrangieren wollen.

1. Gibt es jemanden in Ihrem Bekanntenkreis, der genau die Hochzeit hatte, die Sie sich als optimal vorstellen? Denken Sie auch an Vorbilder aus

Illustrierten oder dem Fernsehen. Was sagt Ihr
Partner oder das Brautpaar zu der gewählten
Traumhochzeit?

2. Aus Ihren eigenen Vorstellungen, den unterschiedlichen Informationen und Vorbildern kri-
   stallisiert sich allmählich heraus, was Sie machen
   möchten.

3. Lassen Sie einen Film der geplanten Hochzeit
   vor Ihrer geistigen Leinwand ablaufen. Ist auch
   Ihr Partner bzw. das Brautpaar begeistert? Wenn
   Sie sich für eine Variante entschieden haben,
   machen Sie einen Handlungsplan, in dem Sie
   auch die Termine festhalten, was bis wann erledigt sein muß (Buchen eines Hotels, einer Reise,
   Bestellen des Festessens, der Blumen usw.).

Modelling eignet sich besonders, wenn Sie hervorra-
gende Leistungen zustande bringen wollen – egal auf
welchem Gebiet. Wenn Sie das Handwerk oder die
Technik verstanden haben, bringen Sie Ihr eigenes
»Herzblut« mit hinein – entwickeln Sie ein eigenes
Profil.

Rapport – Der gute Draht zu den Mitmenschen

Was ist die Voraussetzung dafür, daß Sie mit Ihren Mitmenschen – sei es im Beruf, im Büro, bei Freunden, bei Verwandten oder mit wildfremden Menschen – gut zurechtkommen? Sie werden sagen: »Der Draht muß stimmen.« Genau die richtige Wellenlänge muß gegeben sein, damit man sich versteht.

Bestimmt haben Sie schon einmal gesehen, wie ein Liebespaar turtelt, sei es auf der Parkbank oder im Café. Lächelt eine Person, tut die andere es bald darauf auch. Macht ein Partner eine Handbewegung, können Sie sicher sein, daß der andere bald folgt. Man könnte meinen, daß die Personen sich spiegeln oder einen Tanz tanzen. Das ist auch so, denn beide bilden für den Moment des Zusammenseins eine Einheit. Das trifft nicht nur für Liebesbeziehungen zu; dieses Prinzip ist allgemeingültig, und Sie werden seine Richtigkeit in allen Situationen, in denen Sie mit Menschen zu tun haben, bestätigt finden.

Wenn Sie einen guten Draht zu anderen Menschen aufbauen wollen, sollten Sie ihnen zuerst Ihre gutgemeinten liebevollen Gedanken senden. Im Gespräch beobachten Sie genau, wie Ihr Gegenüber sich in Sprache, Mimik und Gesten ausdrückt. Dem versuchen Sie sich anzupassen: Sie machen ihn zum Mittelpunkt Ihrer Aufmerksamkeit, betonen Gemeinsamkeiten, sprechen ihn mit Namen an und spiegeln seine Körperhaltung. Diese Angleichung an den Gesprächspartner nennt man *pacen*. Wenn Sie das Gefühl haben, daß der *Rapport* stimmt, überprüfen Sie das. Beispielsweise

greifen Sie zum Mineralwasserglas oder ändern leicht
Ihre Sitzhaltung. Folgt Ihnen Ihr Gesprächspartner
andeutungsweise, wissen Sie, daß der Draht stimmt.
Nun können Sie die Initiative übernehmen – im NLP
spricht man von *leaden* – und das Gespräch in Ihre
Richtung steuern.

Das läßt sich am besten bei und mit guten Bekannten
und Freunden üben. Am Anfang kommen Sie sich
vielleicht etwas merkwürdig vor. Nach einiger Zeit ist
Ihnen das Angleichen, Spiegeln (*matching*), in Fleisch
und Blut übergegangen, ähnlich wie beim Autofahren.

Wenn Sie die anderen Menschen lediglich »äußer-
lich« nachmachen, durchschauen diese das bald und
werden Sie fragen, ob Sie noch ganz normal sind. Sie
müssen schon mit dem Herzen bei der Sache sein. Das
bloße Spiegeln ist eher die äußerliche Ebene. Sie werden feststellen, daß Sie automatisch spiegeln, wenn Sie
sich vorher gedanklich und seelisch auf Ihren Partner
einstellen. Hilfreich, um das grobe »platte« Spiegeln
zu vermeiden, ist es, über Kreuz zu spiegeln. Angenommen, Ihr Gegenüber wippt unablässig mit seinem
linken Bein. Dann können Sie – wenn es paßt – im
gleichen Takt mit der rechten Hand trommeln.

Das Wort »Atem« ist mit »Seele« verwandt. Deswegen ist es auch nicht erstaunlich, daß die Spiegelung
des Atems einer der effektivsten – aber auch schwierig-
sten – Wege ist, um eine besonders tragfähige Brücke
zum Nächsten aufzubauen.

Nachdem Sie gelernt haben, sich auf den anderen
einzustellen, ihn zu spiegeln, können Sie beginnen, ihn
zu führen – ähnlich wie beim Tandemfahren, wo auch
jemand am Lenker sitzt und die Richtung bestimmt,
die vorher gemeinsam abgestimmt wurde. Übernehmen Sie einfach die Initiative, aber behutsam, und
geben Sie nun den »Ton« an. Hier helfen Ausdauer
und Übung.

Übung: Rapport – erst angleichen, dann führen

Bitten Sie einen Freund oder eine Freundin, bei der Übung mitzumachen. Sie werden gemeinsam viel Spaß haben und einiges über sich und Ihren Partner lernen. Nehmen Sie sich Zeit. Bevor Sie den äußerlichen Kontakt aufnehmen, senden Sie Ihre positiven, stärkenden und liebevollen Gedanken zu dieser Person. Erst dann spiegeln Sie auf der äußeren Ebene. Machen Sie den umgekehrten Test. Wie ist es, wenn Sie einfach herzlos »nachäffen«? Wenn Sie das am falschen Ort bei den falschen Personen machen, können Sie sich leicht Ärger einhandeln.

1. Während Sie sich mit Ihrem Partner unterhalten, nehmen Sie dessen Körperhaltung ein und machen seine Gesten, seine Mimik nach. Ihr Partner macht z. B. eine typische Handbewegung, können Sie die nachmachen?
2. Gleichen Sie nun Ihre Sprache in Tonfall, Dialekt und Geschwindigkeit an.
3. Wenn Sie Ihrem Partner antworten, wiederholen Sie einfach dessen letzte Worte und sagen dann, was Sie sagen wollten. Welche Worte verwendet Ihr Partner? Versuchen Sie, den Stil nachzumachen.
4. Atmen Sie wie Ihr Partner. Dazu blicken Sie mit weichem Blick auf sein Zwerchfell und stellen sich auf seinen Atemrhythmus ein.
5. Welche Übungskombination macht Ihnen die größte Freude? Bei welcher Art fühlen Sie sich am wohlsten? Tauschen Sie sich mit Ihrem Partner aus. Wechseln Sie sich in den Rollen ab.

Sie können die Übung auch im Büro, in der Straßenbahn oder im Café machen.

Reframing – Auf die richtige Betrachtungsweise kommt es an

Ein Optimist ist jemand, der morgens ans Fenster tritt und sagt: »Guten Morgen, Gott!« Ein Pessimist ist jemand, der morgens ans Fenster tritt und sagt: »Guter Gott, schon wieder Morgen?«   Osho

Der einzige Mist, auf dem nichts wächst, ist der Pessimist.   Theodor Heuss

Reframing heißt »umdeuten«. Wir – d. h., unsere Sichtweise, unsere Filter und unsere Erfahrungen – bewerten Situationen und Ereignisse positiv oder negativ, obwohl es an sich weder Negatives noch Positives gibt. Eine Rose blüht einfach, gleich ob der Betrachter ein Heiliger ist oder ein Politiker. Ebenso scheint die Sonne auf alles, und ihr ist es egal, ob wir das eine oder andere für gut oder böse halten.

So gesehen, haben wir die Macht und die Freiheit, die Welt so zu erleben und zu bewerten, wie wir es möchten. Ob wir das Leben und die Welt positiv oder negativ finden, beide Sichtweisen unterscheiden sich allerdings ganz erheblich. Auch wenn wir vielleicht zunächst den Sinn in einer Situation nicht verstehen, ist doch alles sinnvoll, und wir können daraus lernen. Es ist an uns, aus unserem Leben einen Triumphzug oder einen Trauermarsch zu machen.

Reframing ist demnach die Kunst, die Dinge konstruktiv zu sehen. Angenommen, Sie haben sich gerade über etwas geärgert. Dann gibt es mehrere einfache

Wege, sich zu beruhigen. Fragen Sie sich, welche Bedeutung das Ereignis eigentlich in 2000 Jahren hat. Lohnt es sich von daher, sich aufzuregen? Oder gehen Sie in Ihrer Vorstellung aus sich heraus. Schauen Sie sich das unangenehme Ereignis an, als würden Sie es auf dem Bildschirm einer Überwachungskamera (wie sie in Banken und an öffentlichen Plätzen zu finden ist) verfolgen können – wenn Sie wollen, in schwarz-weiß.

Dadurch stehen Sie außerhalb der Situation und sind von Ihrem direkten Erleben getrennt. Sie haben lediglich die Empfindungen des neutralen Bildschirmbeobachters. So sind Sie wieder handlungsfähig und haben alles unter Kontrolle.

Sie können *Reframing* beispielsweise auch verwenden, um früher durchlebte negative und schmerzhafte Situationen Ihres Lebens umzudeuten, indem Sie die darin versteckte positive Seite klar erkennen und verstehen. So gelangen Sie zu neuen Verhaltensweisen. Wenn Sie alte Verhaltensmuster ändern möchten, eignet sich die im folgenden beschriebene Variante. Sie können damit sogar unerwünschte Süchte und lästige Angewohnheiten abschaffen bzw. ändern. Vielleicht möchten Sie aber auch lediglich ein Projekt angehen, zu dem Sie sich bislang nicht aufraffen konnten.

Sie nehmen bei der folgenden Übung Kontakt mit Ihrem Unterbewußtsein auf. Denken Sie an Aufgaben, die Sie immer wieder aufschieben – nach dem Motto: »Eigentlich müßte ich etwas für meine Gesundheit tun und mal wieder Yoga machen.« Aber dann gibt es doch tausend Gründe, es nicht zu tun. In diesen Fällen kann es helfen, wenn Sie sich Ihr Unterbewußtsein als Firma, Familie oder Verein vorstellen. Da gibt es die Manager, die einfachen Mitarbeiter, die Querulanten, die Jasager und die ewigen Neinsager. Einige sind sehr einflußreich, manche ganz leise, alle aber wichtig. Es ist schon toll, wenn alle an einem Strang ziehen. Um wieviel besser ist es, wenn das ganze Team dann auch

noch in die gleiche Richtung zieht – für Ihren Energie-
haushalt und die Ergebnisse!

Übung: Six-Step-Reframing

1. Welches Verhaltensmuster möchten Sie ändern?
2. Entspannen Sie sich. Nehmen Sie liebe- und
   respektvoll Kontakt mit Ihrem Unterbewußtsein
   auf. Da Sie ungestört sind, können Sie wie im
   Selbstgespräch laut sprechen (wenn Ihnen das zu
   unangenehm ist, können Sie das alles auch in
   Gedanken machen).
   Bitten Sie den für das ausgesuchte Verhalten zu-
   ständigen / verantwortlichen Teil, sich zu mel-
   den. Achten Sie auf die Antwort. Es kann ein
   Wort, ein Satz, ein Bild, ein Gefühl oder etwas
   anderes ein. Sie werden schon wissen, was es
   wann ist.
3. Wenn der betreffende Persönlichkeitsanteil mit
   Ihnen zusammenarbeiten will, machen Sie ein
   Ja- und ein Nein-Signal aus. Wenn es z. B. ein
   Kribbeln auf der Hand ist, kann das Ja ein starkes
   Kribbeln, das Nein ein schwaches Kribbeln sein.
4. Bedanken Sie sich bei diesem Teil für seine bisher geleistete Arbeit, und fragen Sie ihn: »Stell
   dir mal vor, du hättest neue, andere Mittel und
   Wege, deine Arbeit, die du immer gut gemacht
   hast und machst, genausogut oder besser zu erledigen. Könntest du dir vorstellen, die neuen
   Wege einmal für drei Wochen auszuprobieren?«
5. Lassen Sie den verantwortlichen Teil seine positive Absicht dem kreativen Teil mitteilen. Ihren
   kreativen Teil bitten Sie, mindestens drei neue
   Wege zu finden, wie die positive Absicht bewahrt
   werden kann. Der verantwortliche Teil kann sich
   dann einen neuen Weg aussuchen. Lassen Sie

sich Zeit. Der verantwortliche Teil sollte seine Wahl mit einem Ja-Signal bestätigen. Danken Sie Ihrem kreativen Teil für seine Hilfe.

6. Möchte der verantwortliche Teil in den nächsten drei Wochen den oder die neuen Wege gehen? Geben Sie ihm die Garantie, jederzeit auf das alte Verhalten zurückgreifen zu können.

7. Überprüfen Sie nun, ob jemand anderes im Gremium Einwände hat. Falls ja, bitten Sie den kreativen Teil um Lösungen und verfahren wie gehabt. Falls alles okay ist – herzlichen Glückwunsch!

Submodalitäten – Sie sind der Star

> *Die Menschen werden nicht durch die Dinge, die*
> *passieren, beunruhigt, sondern durch die Gedanken*
> *darüber.*   Epiktet

Submodalitäten sind die feinen, subtilen Unterschei-
dungen, die wir mit unseren Sinnesorganen treffen. Als
Regisseur Ihres Lebensfilms sitzen Sie mitten im
Schneidestudio. Die Monitore spiegeln die Sinneseindrücke von Augen, Ohren, Nase, Zunge und Haut
wider. Mittels der Mischpulte können Sie alle Variatio-
nen auf der Gefühlsskala spielen. Wichtiges wird nah
und in Großaufnahme gezeigt, Erinnerungen sind
vielleicht zunächst verschwommen und ohne scharfe
Umrisse, vielleicht auch in schwarz-weiß. Intime Sze-
nen bekommen den Hamilton-Effekt, d. h., sie werden
pastellig und leicht verschwommen. Triumphe zeigen
Sie mit Donner, Blitz und tosendem Beifall, untermalt
von Fanfarenklängen. Das Tempo ist königlich ge-
diegen.

Auf diese Feineinstellungen kommt es bei der Arbeit
mit den *Submodalitäten* an. Es ist ein wesentlicher Beitrag zu Ihrer Selbsterkenntnis, wenn Sie wissen, wann
Sie wie reagieren, und Sie werden wesentlich freier,
wenn Sie dieses Wissen für Ihre Zwecke verwenden.

Spielen Sie mit Ihren eigenen Erfahrungen. Nehmen Sie eine angenehme Situation. Ein anderes Mal
nehmen Sie eine ungute Situation oder ein negatives
Erlebnis. Spielen Sie mit allen Sinneskanälen. Entdek-
ken Sie die für Sie wesentlichen Kriterien.

Übung: Auf die Feinheiten kommt es an

Denken Sie an eine Zeit oder Situation, in der es Ihnen sehr gut ging. Vielleicht war es traute Zweisamkeit – im Urlaub oder in der Sauna oder beim sonntäglichen Spaziergang. Lassen Sie sich Zeit, bis Sie etwas gefunden haben. Dann seien Sie bitte sehr achtsam. Was genau sehen Sie? Was hören, schmecken, fühlen, tasten Sie? Sind Sie nun voll und ganz in der Situation?

Oder sehen Sie sich von außerhalb? Wie weit ist das Bild von Ihnen entfernt? Ist es groß oder klein? Ist es ein Dia oder ein Video, schwarz-weiß oder bunt? Wie sind die Farben? Klar, pastellig, verschwommen, ineinander überlaufend oder grell? Wie dunkel sind die Farben? Wie ist der Kontrast? Wie sind die Geräusche? Hoch, tief, angenehm, unangenehm, wie ist der Rhythmus? Was ist mit der Außentemperatur? Ist es warm oder kalt? Wie ist Ihre Körpertemperatur?

Untersuchen Sie jeden dieser Aspekte (= *Submodalitäten*). Die folgende Liste kann Ihnen helfen, diejenigen Aspekte zu finden, die den wesentlichen Unterschied ausmachen.

Nun werden Sie als Regisseur aktiv: Was passiert, wenn der Kontrast größer wird, die Bilder sich schneller bewegen, wenn die Geräuschkulisse sich ändert? Sie spielen jetzt mit dem, wie Sie sehen, wie Sie hören, riechen, fühlen. Wie ändert sich Ihr Gefühl und Empfinden? Wie fühlt es sich an, wenn Sie die Temperatur kälter, wie, wenn Sie sie wärmer machen? Gehen Sie jeweils zu dem Punkt, an dem Ihr Gefühl »umkippt«, es sich grundlegend ändert. Von guter Laune in gedämpfte Stimmung oder von Neugier in Begeisterung usw.

Das ist die Basis, die Sie sämtliche Situationen nach
Ihrem Belieben gestalten läßt. Sie haben die Form für
gute Gefühle gefunden. Sie können nun negative Gefühle in positive umwandeln, indem Sie den negativen
Inhalt in eine positive Form geben. Glauben Sie, es
funktioniert.

Submodalitätenliste (Auswahl)

Sehen (visuell)
- assoziiert (durch die eigenen Augen) oder dissoziiert
  (sich im Film / Dia sehend)
- Bewegung (Film oder Dia, schnelle Bilder, Zeitlupe)
- »Weitwinkel« / Panorama, Fischauge, normal
- bunt oder schwarz-weiß
- pastell, grell oder normal
- eingerahmt (wie Bild oder Dia) oder rahmenlos
- zwei- oder dreidimensional (holografisch)
- Lokalisierung (oben oder unten, rechts oder links
  usw.)
- Entfernung des Bildes
- hell oder dunkel
- Kontrast (Weichzeichner, scharfe Kontraste oder
  normal)
- klar oder verschwommen

Hören (auditiv)
- stereo oder mono
- Geräusche, Wörter oder Klänge
- laut oder leise
- weicher oder harter Klang
- Entfernung
- Dauer
- anhaltend oder unterbrochen
- klar oder gedämpft
- Geschwindigkeit

Fühlen (kinästhetisch)
- Lokalisierung
- Druck
- Intensität
- Ausdehnung
- Form
- Dauer (wie lange hält es an)
- leicht oder schwer
- glatt oder rauh

Swish – Neues Verhalten leicht gemacht

Mit der *Swish*-Technik können Sie sich schnell und elegant lästige Angewohnheiten wie Nägelkauen, Süßigkeiten essen, Rauchen oder andere Marotten abgewöhnen. Wenn Sie neue Überzeugungen in sich etablieren wollen, bietet sich diese Technik ebenfalls an. Es gibt mehrere Varianten der Technik; die hier gezeigte ist die Standardversion, die in den allermeisten Fällen erfolgreich ist.

Beim *Swish* führen folgende Schritte zum Erfolg:

1. Ziel definieren,
2. Auslöser für das unerwünschte Verhalten und die Submodalitäten exakt herausfinden,
3. an etwas anderes denken,
4. positives Lösungs-(Selbst-)bild finden und submodellieren,
5. an etwas anderes denken,
6. Auslöserbild so groß und attraktiv wie möglich aufbauen; Lösungs- bzw. neues Selbstbild in die Ecke (oder Mitte) setzen und blitzschnell – am besten mit begleitendem Fingerschnippen oder Zischlaut – die Bilder tauschen, d. h., das Selbstbild wird groß, gleichzeitig wird das Auslöserbild winzig.
7. An etwas anderes denken,
8. den *Swish*-Prozeß noch viermal wiederholen.
9. Denken Sie an eine entsprechende Situation in der Zukunft. Was geschieht jetzt, wenn Sie an das alte Auslöserbild denken? Automatisch wird das Lösungsbild kommen.

Übung: Swish

1. Was wollen Sie verändern? Legen Sie Ihr Ziel fest. Bleiben wir beispielsweise beim Naschen.
2. Was genau ist der Auslöser für das Naschen? Stellen Sie sich vor, Sie müßten das jemandem so gut erklären, daß er Sie vertreten könnte. Wenn Sie den Auslöser wissen, finden Sie die wesentlichen Submodalitäten heraus. Was müssen Sie ändern, um das Auslöserbild noch attraktiver, schier unwiderstehlich zu machen?
3. Denken Sie jetzt an etwas anderes.
4. Wie würden Sie sich selber sehen, wenn Sie frei vom Naschen wären? Machen Sie ein Bild von sich selbst. Es ist wichtig, daß Sie sich selbst von außen, wie im Film oder Foto sehen, weil so die Spannung (der Unterschied zwischen Soll und Ist) für Ihr Gehirn aufgebaut wird, sich dem Ziel zu nähern. Machen Sie Ihr neues Selbstbild so anziehend und motivierend wie möglich. Gehen Sie in sich, und überprüfen Sie, ob Ihr neues Selbstbild das ist, was Sie wirklich wollen. Es muß Ihnen entsprechen.
5. Denken Sie jetzt an etwas anderes.
6. Nun stellen Sie sich das Auslöserbild so anziehend wie möglich vor. In die linke untere Ecke des Auslöserbildes stellen Sie Ihr neues Selbstbild.
7. Tauschen Sie nun blitzschnell die beiden Bilder. Ihr Nasch-Bild wird klein, und Ihr Selbstbild wird groß, hell und klar. Seien Sie schnell. Begleiten Sie die Tauschaktion mit einem Zischlaut wie »Swish« (so entstand der Name für diese Technik) oder mit einem Fingerschnippen.
8. Denken Sie an etwas anderes. Vermeiden Sie unbedingt, in das alte Bild zurückzuswishen!

9. Führen Sie den *Swish* noch viermal durch. Zwischendurch unterbrechen Sie immer und denken an etwas anderes.

10. Was geschieht, wenn Sie sich vorstellen, eine Woche später an das alte Auslöserbild zu denken? Sie reagieren anderes als bisher. Gratulation!

Selbstgespräch mal ganz anders –
Ich bin ein Team

Das kennen Sie sicher auch: Sie haben wichtige Dinge zu erledigen oder wollen ein Projekt in Angriff nehmen. Doch dann finden Sie zufällig den Zeitschriftenartikel wieder, den Sie unbedingt noch lesen wollten. Oder es ergibt sich ein Gespräch mit Ihrer Nachbarin. Das Ende vom Lied: Sie machen alles Mögliche, aber nicht das, was Sie sich vorgenommen hatten. Ihre Laune sinkt schließlich auf den Tiefpunkt. So weit muß es nicht kommen.

Der Volksmund sagt, Sie haben die Rechnung ohne den Wirt gemacht. Sie sind der Wirt. Es ist ein Teil von Ihnen, der für das »Versagen« verantwortlich ist.

Man geht im NLP davon aus, daß wir aus vielen Teilpersönlichkeiten bestehen. Da gibt es den Beschützer, der für unsere Sicherheit zuständig ist, den Weisen, der für unsere spirituelle Entwicklung sorgt, den Geschäftsmann, der sich um unsere Finanzen kümmert und viele andere (z. B. das innere Kind und den Kreativen). Bei jedem Menschen finden wir andere Teilpersönlichkeiten, und bei jedem sind die Gewichtungen und Machtverhältnisse gänzlich unterschiedlich. Wie in einer Fußballmannschaft oder einer Großküche, wo viele Menschen zusammenarbeiten, kommt es vor, daß nicht immer alle an einem Strang ziehen. Das kostet unnötige Energie.

So gehen Sie praktisch vor, um dem Übel abzuhelfen:
1. Herausfinden der unterschiedlichen widerstreitenden Persönlichkeitsteile.

2. Was ist die positive Absicht von Teil 1? Danken Sie ihm, und vergewissern Sie sich, daß Teil 2 sein Störer ist.
3. Das gleiche wiederholen Sie mit Teil 2.
   Was müßte geschehen, damit beide Teile »mitspielten«? Gehen Sie auf die Bedingungen ein.
5. Stellen Sie sicher, daß der Handel gilt.
6. Sind alle anderen Teile einverstanden, oder gibt es Einwände?
7. Bedanken Sie sich bei den Teilen fürs Mitmachen, und beginnen Sie mit der folgenden Übung.

Übung: Verhandeln mit unterschiedlichen Persönlichkeitsteilen

1. Welche Teile widerstreiten? Folgen Sie dem Muster: Immer wenn ich X (z. B meine Bauchgymnastik) tun will, passiert zufällig Y (läuft z. B. etwas Tolles im Fernsehen, das ich unbedingt schauen muß).
2. Welche positive Absicht hat Teil 1 für Sie? Welcher Teil stört ihn? Ist es wirklich Teil 2?
3. Teil 2 fragen Sie das gleiche. Wenn er die Störerfrage bestätigt, geht es weiter mit 4. Ansonsten haken Sie so lange nach, bis Sie den relevanten Teil ausfindig gemacht haben. Wenn er sich weigert, warten Sie oder wenden Sie eine andere Technik an. Was sagt Ihnen diese Weigerung?
4. Beide Teile fragen Sie dann für sich: Ist das, was du für mich tust, so wichtig, daß du bereit bist, den anderen Teil nicht zu stören, wenn er dich auch nicht stört? Können wir das eine Zeitlang (für zwei oder drei Wochen) testen? Gibt es noch Bedingungen, die erfüllt sein müssen, damit die Teile zusammenwirken? Falls ja, welche? Können und wollen Sie sie erfüllen?

5. Vergewissern Sie sich durch Nachfragen, ob die Teile bereit sind, sich wirklich auf den Handel einzulassen, und sichern Sie jedem der Teile zu, jederzeit nachverhandeln zu können, wenn die neue Lösung doch nicht so gut ist.

6. Wenn noch weitere Teile in die Sache verwickelt sind – was Sie durch Fragen herausfinden –, beziehen Sie diese in den Gesamthandel mit ein.

7. Danken Sie nach »Vertragsunterzeichnung« noch einmal allen Teilen für ihren guten Willen und die Zusammenarbeit, und starten Sie den Versuch.

Timeline – Wünsche verwirklichen

Wenn wir alles täten, wozu wir imstande sind, würden wir uns wahrlich in Erstaunen versetzen.

Thomas Edison

Timeline (Zeitlinie) ist eine phantastische und spannende Errungenschaft im Bereich des NLP. Das Modell der Zeitlinie macht sich die Tatsache zunutze, daß das Gehirn seine Erinnerungen in verschiedenen Bereichen ablegt – ähnlich wie Sie Ihre Schriftstücke in verschiedenen Ordnern, Schubladen, Mappen, Karteien und Schränken organisiert haben. Aus Ihren Erfahrungen und Erinnerungen der Vergangenheit und aus der gehirngemäßen Ablage der zukünftigen Ereignisse können Sie Ihre ganz persönliche Zeitlinie erfahren. Das ist ein Unterfangen, das großen Spaß macht und Ihnen helfen kann, Ihre Visionen, Träume und Wünsche zu verwirklichen.

Die nun folgende Übung sollten Sie ungestört in einem ruhigen lichten Raum durchführen. Sie sollten wenigstens Platz für jeweils fünf Schritte vorwärts und rückwärts haben. Mehr als 15 Minuten werden Sie nicht brauchen. Konzentrieren Sie sich auf die vor Ihnen liegende Aufgabe, genießen Sie die Ruhe, und stellen Sie sich die folgenden Situationen bzw. Ereignisse plastisch vor. Das funktioniert so:

Beschriften Sie zuerst eine Reihe von Zetteln oder DIN-A4-Blättern mit jeweils einer der folgenden Zeitangaben: »hier und jetzt«, »heute morgen«, »vor einer

Woche«, »vor einem Jahr«, »vor 10 Jahren«, »vor 20 Jahren«, »morgen« und »in einer Woche«. Etwa in die Mitte des Ihnen zur Verfügung stehenden Raumes legen Sie das Blatt mit der Aufschrift »hier und jetzt«. Stellen Sie sich auf diesen Punkt.

Stellen Sie sich jetzt bitte vor, wie Sie sich heute morgen die Zähne geputzt haben. Achten Sie darauf, wo dieses Bild oder dieser Eindruck mental herkommt. Wo holen Sie dieses Bild hervor? Wo hat das Gedächtnis, wo hat Ihr Gehirn das Bild vom Zähneputzen abgelegt? Ist es vor Ihnen, ist es hinter Ihnen, unter Ihnen oder über Ihnen? Und ungefähr da, wo es in Ihrer Vorstellung ist, legen Sie im Raum einen Zettel hin, auf dem steht: »heute morgen«. Also wenn das Bild z. B. »links unten« in Ihrem Gehirn bzw. Ihrem Gedächtnis entsteht, legen Sie auch links unten innerhalb des Ihnen zur Verfügung stehenden Raumes den Zettel hin.

Danach gehen Sie wieder zurück zum Ausgangspunkt und erinnern sich an das Zähneputzen vor einer Woche. Wo kommt diesmal die Erinnerung her? Wenn Sie das lokalisiert haben, legen Sie ungefähr an diesem Punkt einen Zettel hin mit der Aufschrift: »vor einer Woche«. Der Punkt muß nicht ganz genau stimmen, es kommt auf die grobe Richtung an, denn Ihr Unterbewußtsein sortiert schon so, wie es gebraucht wird und wie es für Sie richtig und wichtig ist. Dann gehen Sie bitte wieder zurück zum Ausgangspunkt. Denken Sie jetzt an das Zähneputzen vor einem Jahr. Wo kommt die Erinnerung her? Dort legen Sie dann einen Zettel hin mit der Aufschrift: »vor einem Jahr«. Und dann gehen wir noch weiter zurück: Zähneputzen vor zehn Jahren, eventuell auch vor zwanzig Jahren, wenn Sie schon so alt sind.

Auf Abbildung 2 können Sie die groben unterschiedlichen Zeitlinienmuster sehen. Aber blättern Sie erst später auf diese Seite. Nachdem wir Ihre Vergan-

genheitslinie herausgefunden haben, wollen wir näm-
lich zunächst noch die Linie für die Zukunft finden.
Und Sie ahnen es schon: Wenn Sie sich auf den Aus-
gangspunkt zurückgestellt haben, überlegen Sie sich,
wie es wohl ausschaut, wenn Sie sich morgen früh die
Zähne putzen. Wo ist jetzt das Bild? Wo taucht es auf?
Auf diese Stelle legen Sie dann einen Zettel mit der
Aufschrift »morgen«. Zurückgekommen auf den Aus-
gangspunkt, denken Sie an das Zähneputzen in einer
Woche. Wenn Sie die Punkte verbinden, haben Sie
Ihre ganz persönliche Zeitlinie.

Auf dieser Zeitlinie befinden sich sämtliche Ihrer
Erinnerungen und Eindrücke für die Zukunft und Vergangenheit. Sie können etwas ganz Interessantes mit
der Zeitlinie tun: Stellen Sie sich einmal außerhalb
dieser Linie, und betrachten Sie das Ganze mit Ab-
stand. Wie fühlt sich das an? Welche Farbe hat Ihre
Zeitlinie? Ist sie einfarbig, hell oder dunkel? Können
Sie die Farbe oder Helligkeit ändern?

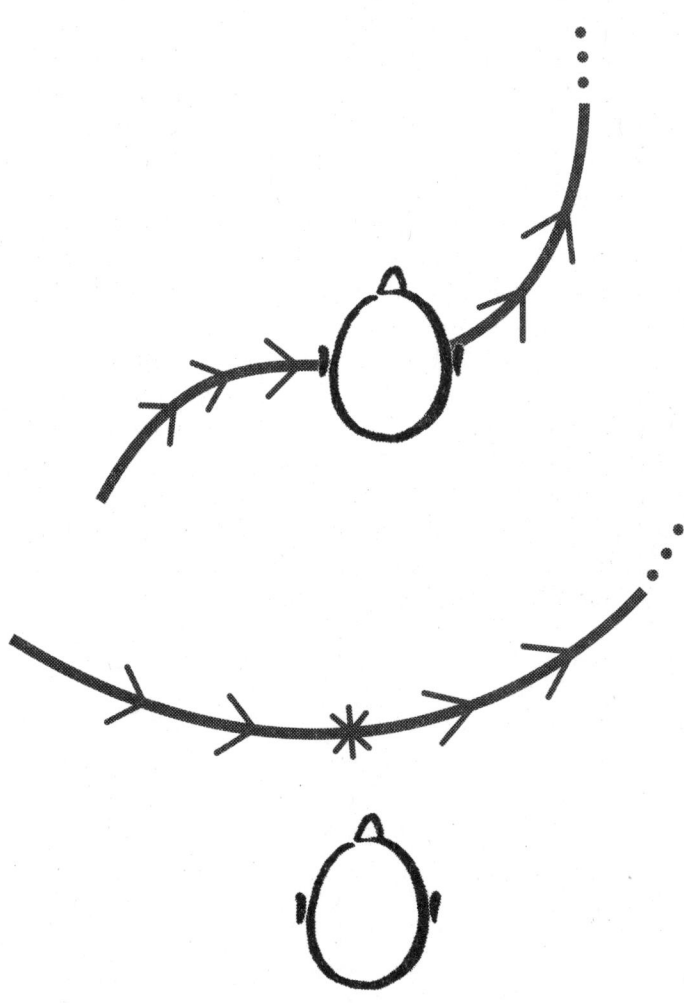

Abb. 2: Zeitlinienmuster in zwei Grundtypen: einmal von
außen gesehen und einmal aus der Mitte heraus.

Übung: Ein Projekt ver-wirklichen

1. Überlegen Sie sich ein kleines Projekt, das Sie
noch nicht zeitlich fixiert haben und das bisher
noch nicht so dringlich für Sie war, das Sie aber
gerne machen würden. Wollten Sie nicht schon
längst mal wieder ins Fitneß-Studio gehen? Wie
war das doch gleich mit dem Frühjahrsputz, oder
wollten Sie dieses Jahr nicht mehr Weihnachts-
geschenke selber basteln? Schreiben Sie das er-
wählte Projekt auf einen Zettel.

2. Stellen Sie sich auf den Ausgangs- bzw. Gegen-
wartspunkt, und stellen Sie sich vor, bis wann Sie
dieses Projekt begonnen bzw. erledigt haben
möchten. Legen Sie den Zettel mit der Projekt-
bezeichnung auf den Punkt, den Ihnen Ihre In-
tuition sagt. Begeben Sie sich zu dem entsprechenden Punkt im Raum.

3. Dann drehen Sie sich um und schauen in die
Gegenwart. Überlegen Sie sich, ob das wirklich
der richtige Zeitpunkt ist. Wenn dem so ist, merken Sie, wie sich sämtliche Ereignisse, die bis
dorthin stattfinden, in Ihrem Unterbewußtsein
entsprechend sortieren. Sie können fühlen, wie
Sie selber Ihre Zukunft gestalten.

4. Gehen Sie zurück auf der Linie und stellen sich
auf den Ausgangspunkt, schauen zu dem Projekt-
Blatt und überlegen sich, ob es noch eine Res-
source oder Kraftquelle gibt, die Sie gebrauchen
könnten, um das Projekt zu verwirklichen. Das
kann eine Kraft, eine Eigenschaft, ein Gedanke,
eine Farbe oder etwas anderes sein, das Ihre In-
tuition auf diese Frage antwortet. Schicken Sie
diese Unterstützung an den Zeitpunkt, an dem
Sie das Projekt beendet haben. Wie fühlt sich das
an?

5. Gehen Sie wieder einen Schritt vor zu dem

Punkt, an dem der Projekt-Zettel liegt, schauen Sie zurück, und machen Sie das gleiche wie eben. D. h., falls nötig, senden Sie Ressourcen aus der Zukunft in die Gegenwart.

6. Betrachten Sie das Ganze von außen. Ist alles stimmig? Wenn es irgend etwas Unstimmiges gibt, stellen Sie sich wieder auf den Ausgangspunkt und überlegen, wie es ist, wenn es früher oder später geschieht. Ändern Sie es. Wenn Sie noch Ressourcen hinschicken müssen, tun Sie das. Egal was es ist, tun Sie alles, bis Sie mit dem Ergebnis zufrieden sind.

7. Wenn alles stimmig ist, gehen Sie in die Zukunft und drehen sich um. Genießen Sie den Zeitpunkt, genießen Sie, daß Sie das Projekt beendet haben, freuen Sie sich, und gratulieren Sie sich.

Nachdem Sie jetzt herausgefunden haben, wie Ihre eigene persönliche Zeitlinie verläuft, haben Sie es in der Hand, ob Sie eine dunkle Vergangenheit oder eine glänzende Zukunft haben. Sie können Ihre Zukunft selbst machen. Sie können sich eine helle, leuchtende, schöne, verlockende Zukunft gestalten und die dunklen Flecken, die möglicherweise in Ihrer Zukunft sind, werden Sie mittels Zeitreisen auf Ihrer Zeitlinie erhellen können. Schicken Sie Licht, schicken Sie Helligkeit, schicken Sie Gutes in Ihre Vergangenheit. Ihre Vergangenheit wird wirklich vergangen sein.

Mit dem Instrument der Zeitlinie werden Sie wahrmachen können und vielleicht richtig verstehen, was die Möwe Jonathan gesagt hat: »Man muß schon dasein, bevor man angekommen ist.« Sie haben es jetzt in Ihrer Hand, Sie können es so machen, wie Sie es möchten, Sie können sich Ihre eigene Zukunft so gestalten und einrichten, wie Sie es sich wünschen. Und denken Sie daran, den jeweiligen Öko-Check zu machen: Fragen Sie sich, wie weit Ihr Vorhaben und Ihre Pläne in

Ihren eigenen Lebenslauf und in den Ihrer Mit- und
Umwelt passen. Was wird sich ändern, wenn Sie Ihr
Ziel erreichen? Was wird sich jetzt ändern, und können
Sie damit leben? Können Sie und wollen Sie den Preis
dafür zahlen? Das ist die Frage. Wenn Sie ihn zahlen
wollen und können, dann wird Sie nichts mehr aufhal-
ten, Ihr Ziel zu erreichen.

Das *Win-Win*-Prinzip – Jeder gewinnt

Wir alle möchten gewinnen, aber wie viele möchten dafür auch trainieren?   Mark Spitz

Die Jeder-gewinnt-Strategie beruht auf dem Grundsatz, daß ein Zusammenleben wesentlich beglückender und erfolgreicher ist, als wenn jeder gegen jeden kämpft. Dahinter steht der Gedanke, daß von allem genug für alle da ist. Es gibt keinen Mangel, sondern Überfluß. Die *Win-Win*-Strategie beruht auf Kooperation und läßt sich in allen zwischenmenschlichen Beziehungen anwenden: im Verkauf, bei Kollegen, bei Freunden, in der Partnerschaft oder beim Verhandeln mit verschiedenen Persönlichkeitsanteilen.

Eine weitere wesentliche Grundannahme, auf dem die Jeder-gewinnt-Strategie beruht, ist folgende: Kein Persönlichkeitsanteil und auch kein Mensch, kein Tier und kein anderes Lebewesen verzichtet auf einen wirklichen Vorteil. Und die Kunst bei der geschickten Anwendung des Jeder-gewinnt-Prinzips besteht darin, herauszufinden, wo der Vorteil für den anderen liegt, um ihn zu einem erwünschten Verhalten zu bewegen. Konflikte lassen sich leicht aus der Welt schaffen, wenn gewährleistet ist, daß am Ende beide Seiten gewinnen.

Ein einfaches Beispiel: Eine Sekretärin hatte Probleme mit ihrem Chef, der sie partout nicht rechtzeitig nach Hause gehen lassen wollte, sondern immer mit einem Auftrag oder einer Aufgabe kam, kurz bevor sie in den Feierabend wollte. Sie ärgerte sich maßlos darüber und hatte auch schon die eine oder andere bittere

Träne vergossen und sich ernsthaft überlegt, ob sie die
Stellung nicht aufgeben sollte. Statt dessen kam sie,
nachdem sie sich mit dem *Win-Win*-Prinzip auseinan-
dergesetzt hatte, auf die Idee zu überlegen, wo die
Vorteile ihres Chefs liegen könnten. Daraufhin nahm
sie von ihrem Sohn die Mensch-ärgere-dich-nicht-
Spielsteine: rot für ihren Chef, grün für sich und gelb
für eine dritte neutrale Person. Sie ist in beide Rollen
hineingeschlüpft, auch in die Position des neutralen
Außenstehenden, und siehe da, ihr fielen sehr viele
Möglichkeiten zur Problemlösung ein. Die Argumente
und Vorteile, mit denen sie ihren Chef locken konnte,
waren folgende:

Wenn sie pünktlich gehen kann und mehr Freizeit
hat, kann sie sich besser erholen und ist besser drauf.
Wenn sie besser drauf ist, wird ihr Arbeitsergebnis
besser sein. Der Umgang mit den Kunden wird ebenfalls besser sein, auch mit den Kollegen. Das wiederum
wird sich auszahlen bei den Umsätzen, und das macht
sich durch höheren Gewinn bemerkbar.

Zweiter Vorteil: Der Chef hat es mit einer wohlge-
launten freudigen Sekretärin zu tun, so daß auch ihm
die Arbeit mehr Spaß macht. Und das macht sich beim
Umsatz bemerkbar. Ein weiterer Vorteil ist: Wenn der
Chef besser klarkommt, geht ihm die Arbeit leichter
von der Hand. Wenn sie ihm leichter von der Hand
geht, ist er schneller mit seinen Angelegenheiten fertig. Und wenn er schneller fertig ist, muß er seiner
Sekretärin nicht erst im letzten Moment Aufträge er-
teilen. Zudem hat er mehr Freizeit, mehr Zeit für seine
Familie, für seine Kinder, für seine Hobbys. Und das
macht den Chef glücklich.

So vorbereitet und gut geankert, trug die Sekretärin
ihrem Chef ihre Argumente vor. Es gelang ihr, ihren
Chef zu überzeugen, denn er wollte seine Vorteile ja
gerne nutzen. Nach einer Probezeit konnte man erkennen, daß das neue Konzept aufging. Die Sekretärin

und ihr Chef waren besser gelaunt, und das allgemeine Klima in der Firma verbesserte sich. Das zahlte sich unterm Strich wieder aus, weil die Firma besser wuchs und gedieh und weil es den Kunden Spaß machte, mit positiven Leuten zusammenzuarbeiten. Zudem hatten sowohl der Chef als auch seine Sekretärin mehr Freizeit als vorher.

Das *Win-Win*-Prinzip ist ganz leicht und besteht aus folgenden Schritten:

1. Problem, Thema bzw. Ziel herausschälen.
2. Den Standpunkt des anderen einnehmen, d. h. ganz konkret die Fragen beantworten: Welche Vorteile hat der andere von meinem Ziel? Was müßte geschehen oder eintreten, damit mein Partner meinen Vorschlag annimmt? Welches wäre ein tragfähiger Kompromiß, mit dem alle auf das beste leben könnten?
3. Dem anderen seine Vorteile deutlich machen. War die Vorbereitung gut, wird es leicht sein, eine Lösung gemeinsam zu tragen.

Übung: Beide gewinnen

1. Wenn Sie »plastisch« üben wollen, gehen Sie an einen Ort, wo Raum für die Position »Ich«, »der andere« (d. h. die Person, die Sie überzeugen wollen) und für einen »Berater« ist. Auf der Ich-Position grenzen Sie das Thema ein.
2. Wenn das Thema steht, gehen Sie auf die Position des »anderen«. Wenn Sie beispielsweise Ihrem Partner, der ein bekennender Bademuffel ist, einen Badeurlaub schmackhaft machen wollen, versetzen Sie sich in seine Denkweise. Was würde er von Ihrem Vorschlag halten? Was

könnte ihn vom Badeurlaub überzeugen? Wo
wäre sein Gewinn? Wenn Sie die Antworten haben, können Sie – so vorbereitet – in das wirkliche Gespräch gehen.

3. Um sich noch besser vorzubereiten, können Sie
   auf die Position des »Beraters« gehen. Stellen
   Sie sich vor, was ein neutraler, lösungsorien-
   tierter Beobachter zu Ihrem Thema und den
   Antworten des »anderen« sagen würde. Weil
   der »Berater« nicht die blinden Flecken hat,
   die Sie und Ihr Partner haben, können mitunter ganz geniale Lösungen auftauchen. Die
   sollten Sie dann beim späteren Gespräch mit-
   berücksichtigen.

Ihre Ergebnisse können Sie auf der folgenden
Checkliste festhalten:

Checkliste: Jeder gewinnt

1. Thema, Ziel, Problem:

_____

_____

_____

2. Das sind die Vorteile für meinen Partner:

1.

_____

2.

_____

3.

_____

4.

_____

5.

_____

3. Das sind die Ideen des »Beraters«:

1.

_____

2.

_____

3.

_____

4. Das kam beim Gespräch/bei der Verhandlung heraus:

_____

_____

_____

Nachdem Sie nun einige verschiedene Techniken kennengelernt und auch schon eingeübt haben, verfügen Sie über effiziente Methoden, Ihr Leben schöner, harmonischer, erfolgreicher und glücklicher zu gestalten. Je intensiver Sie trainieren, desto bessere Ergebnisse werden Sie erzielen. Übung macht den Meister.

Im nächsten Teil finden Sie noch mehr Gelegenheiten, die Techniken zu üben. Hier erfahren Sie konkrete Mittel und Möglichkeiten, um NLP im Alltag und Beruf anzuwenden.

3. Teil

Praktische Lebenskunst – Einfacher leben mit NLP

Übersicht und Einleitung

Nachdem Sie mit den NLP-Techniken die wichtigsten Werkzeuge kennengelernt und eingeübt haben, begeben wir uns nun in das »wirkliche Leben«. Nach den bisherigen Übungen unter Laborbedingungen befassen wir uns jetzt mit praktischer Lebenskunst. Sinnvollerweise läßt sich unterscheiden zwischen Alltag, Beruf, Kreativität und Entspannung. Es geht also um die Menschen, mit denen Sie zu tun haben.

Im Berufsleben ist es wichtig, sich selbst und andere zu managen, um mit den Kollegen, dem Chef, den Kunden und mit Mitarbeitern klarzukommen und die gesteckten Ziele zu erreichen.

Im Bereich der Kreativität werden wir uns verschiedene Methoden anschauen und in einem kleinen Exkurs *Mindmapping* behandeln, eine faszinierende und effektive Kreativitätsmethode von Tony Buzan.

Zum Schluß wenden wir uns dem Thema Entspannung zu. Wer richtig lebt, braucht eigentlich keine Entspannung, weil er immer wohlgespannt, richtig gespannt lebt. Aber manchmal ist der Bogen überspannt, und dann muß man sich entspannen, damit die Spannkraft erhalten bleibt. Und dafür bietet NLP auch einige hilfreiche Techniken.

Weiterhin erfahren Sie im dritten Teil, wozu sich die Ankertechnik verwenden läßt. Außerdem wird das Thema Emotionale Intelligenz behandelt. Lassen Sie sich überraschen, welche Hilfe Sie dabei von NLP erwarten können!

NLP im Alltag

Der wahre Alchemist ist der, der das Geheimnis lernt,
Alltagssituationen in Gold zu verwandeln, der, der
lernt, sich jede Situation dienstbar zu machen.

John Kehoe

Im Alltag können Sie NLP folgendermaßen anwenden: Bei konkreten Problemen formulieren Sie die Schwierigkeit in ein Ziel um. Angenommen, Sie ärgern sich über Ihren Nachbarn, weil er seinen Rasen nicht mäht und sich deshalb auch schon in Ihrem Garten das Unkraut allzu stark vermehrt. Das Problem ist Ihr Ärger. Das Ziel, das Sie aus dieser Situation formulieren können, lautet: »Ich reagiere gelassen, auch wenn mein Nachbar seinen Rasen nicht mäht.«

Ein anderes Beispiel: Angenommen, Sie haben festgestellt, daß Sie zuviel naschen. Sie können an keiner Schokolade vorbeigehen. Manche Menschen formulieren diese Situation so: »Ich nasche zuviel.« Man könnte dann meinen, das Ziel laute dementsprechend: »Ich will nicht mehr naschen.« Doch wir wissen, daß ein Ziel positiv formuliert sein sollte, denn unser Unterbewußtsein tut sich sehr schwer, Verneinungen vorzustellen. Weil es bildhaft arbeitet, muß es sich zunächst vergegenwärtigen, was es aber dann doch letztlich verneinen soll. Deshalb sollte ein Ziel immer positiv formuliert sein. In diesem Falle könnte das Ziel z. B. heißen: »Ich esse nur solche Lebensmittel, die meiner Gesundheit und meinem Körpergewicht förderlich sind.« Ein positiv formuliertes Ziel hat auch den Vor-

teil, daß die Gedanken auf die gewünschten Möglichkeiten gebündelt werden.

Häufig ist es so, daß jemand weiß, was er nicht will,
sich aber schwer tut zu formulieren, was er konkret
möchte. Ein Beispiel: Renate ist 18 Jahre, hat gerade
Abitur gemacht und will Ärztin werden. Holger ist 21
Jahre alt, hat ebenfalls Abitur gemacht und weiß, daß er
nicht in die Fußstapfen seines Vaters treten will, nämlich Rechtsanwalt zu werden. Er weiß auch, daß er
nicht Zahnarzt werden will, ebenso schaudert es ihn
bei dem Gedanken, vielleicht Journalist zu werden.
Wenn man ihn nach seinen Berufswünschen fragt, sagt
er, er wolle irgend etwas werden, wo er Chemie, Sport,
Religion und Kochen miteinander verknüpfen kann.
Wer von den beiden jungen Menschen wird wohl effektiver zum Ziel kommen? Natürlich Renate.

Eine konkrete Zielvorgabe ist schon der halbe Weg.
Also, wo möchten Sie hin? Wichtig ist, daß Sie positiv
an Ihr jeweiliges Thema herangehen. Sagen Sie beispielsweise: »Ich möchte gut mit XYZ auskommen«
und nicht: »Ich will mich nicht mehr über XYZ
ärgern«.

Formulieren Sie, wohin Sie möchten, und dann
überlegen Sie, mit welcher Technik Sie weiterkommen. Wie kommen Sie ans Ziel? Wo stehen Sie jetzt?
Mit NLP stehen Ihnen eine Reihe von Techniken als
Alternativen zur Verfügung.

Wählen Sie diejenige Technik aus, die Ihnen am
besten liegt oder bei der Sie ein gutes Gefühl haben.

NLP im Beruf

Auch im Berufsleben können Sie NLP vielfach einsetzen. Sie können es z. B. für sich zum Selbst- und Zeit-
management verwenden, d. h., um selbst Resultate zu
erzielen. Sie können NLP aber auch anwenden, indem
Sie vor allem diejenigen Techniken heranziehen, die
auf ein harmonischeres, eleganteres und durchset-
zungsstärkeres Miteinander abzielen.

Auch wenn Sie sich auf Ihre eigene Person konzentrieren, werden Sie selbstverständlich die erfreulichen
und wohltuenden Wirkungen in beide Richtungen
spüren. Denn wenn Sie sich selbst besser managen,
kommen Sie automatisch auch bei Ihren Mitmenschen, Ihren Kollegen, Mitarbeitern, Kunden und
Chefs besser an. Umgekehrt gilt: Wenn Sie die aufs
Mitmenschliche bezogenen NLP-Techniken anwenden, erfahren Sie durch die Erfolgserlebnisse mit anderen auch persönlich mehr Glück und Zufriedenheit.

Ein weiteres Einsatzgebiet von NLP im Beruf ist die
Motivation. Wenn Sie gelernt haben, besser auf andere
einzugehen, können Sie sie auch leichter motivieren.

Soziale und emotionale Intelligenz

Unter emotionaler Intelligenz versteht man die Intelligenz der Gefühle. Neuere Forschungsergebnisse belegen, daß die rationale Intelligenz, die Verstandesklugheit, allein nicht ausreicht, um gute Erfolgsvoraussetzungen im Berufs- und Gesellschaftsleben zu haben. Unter emotionaler Intelligenz ist folgendes zu verstehen:

1. Wahrnehmung der eigenen Emotionen, Gewahrsein der augenblicklichen Gefühle.
2. Gestaltung und Steuerung der eigenen Gefühle.
3. Konstruktiver Umgang mit den Gefühlen, d. h. sie zu nutzen für seine eigene Entwicklung, sie als Stärke und positive Quelle anzuerkennen und mit ihnen zu wachsen und zu gedeihen.
4. Entwicklung von Einfühlungsvermögen, die »Welt der anderen« erkennen, tolerieren und nach Möglichkeit nachvollziehen können. Eine Meile in den Mokassins des anderen laufen können.
5. Gutes Auskommen mit anderen Menschen. Hier geht die emotionale in soziale Intelligenz über. Unter sozialer Intelligenz versteht man die kooperative und emotional konstruktive Interaktion mit anderen.

Was haben soziale und emotionale Intelligenz mit NLP zu tun? Bestimmt erinnern Sie sich an die Übung mit den Submodalitäten. Hier konnten Sie lernen, die Art und Weise und den Grad Ihrer Sinneseindrücke,

Ihrer Empfindungen und Gefühle wahrzunehmen, zu gestalten und zu managen. Als Sie lernten, bewußt Rapport herzustellen, haben Sie bestimmt erlebt, wie es sich anfühlt, in der Haut des anderen zu stecken. Mit Werkzeugen wie der *Win-Win*-Methode und *Leading* haben Sie Möglichkeiten an der Hand, mit anderen Menschen zusammen Ziele zu erreichen.

Vereinfacht gesagt, können Sie mittels NLP Ihre soziale und emotionale Intelligenz um ein Vielfaches steigern. Wenn Sie beispielsweise wesentlich besser auf Ihre Mitmenschen eingehen können, werden Ihre Kollegen, Ihre Mitarbeiter, Ihre Chefs und Ihre Kunden den Eindruck haben, daß Sie enorm an Kompetenz im Umgang mit ihnen dazugewonnen haben. Sie werden das Gefühl haben, von Ihnen als Mensch angenommen zu sein, verstanden zu werden. Und Sie werden ihrerseits positives Feedback bekommen, und das wird Sie wiederum darin bestärken, so weiterzumachen mit dem, was Sie gelernt haben.

Diese neu dazugewonnene soziale und emotionale Intelligenz macht sich z. B. bemerkbar, wenn Sie verhandeln oder verkaufen. Durch Anwendung der NLP-Techniken werden Sie um ein Vielfaches effektiver, weil Sie genauer auf Ihre Mitmenschen eingehen und deren Wünsche von den Lippen ablesen können. Ihre Kunden bzw. Ihre Verhandlungspartner werden erstaunt sein, daß Sie mitunter schon Dinge wissen, die andere gerade erst formulieren möchten. Und entsprechend gut können Sie dann auf sie eingehen.

Durch die dazugewonnene Selbstsicherheit, dadurch daß Sie mehr aus sich herausgehen und wissen, wer Sie sind, dadurch daß Sie bestimmte Dinge ankern können, wird es Ihnen leichter fallen, Ihre Gedanken, Vorstellungen und Ideen im Berufsleben bei Ihren Chefs, Kollegen, Partnern zu präsentieren. Sie werden sicherer auftreten, überzeugender sein und dadurch mehr Erfolg haben. Ein Königsweg besteht im

Modellieren, also im Nachmachen. Ein weiterer ist das mentale Training der zukünftigen Situation. Allein durch den Trainingseffekt erreichen Sie wachsende Sicherheit.

Die Walt-Disney-Strategie

Ob im Beruf, im Familienleben oder im Alltag – immer wieder werden wir mit Situationen konfrontiert, in denen wir auf den altbekannten, ausgefahrenen Wegen nicht mehr weiterkommen. Neue Wege, schöpferische Lösungen sind gefragt.

Welche Antworten kann uns NLP konkret geben? Auf den nächsten Seiten erfahren Sie unter anderem, was herausgekommen ist, als NLPler die Vorgehensweise von Walt Disney untersucht und zerlegt haben. Eine weitere Kreativitätsmethode ist das ebenfalls vorgestellte *Mindmapping*.

Walt Disney, der berühmte Trickfilmzeichner und Filmproduzent, hat sich vor der Realisierung eines Projekts in die Rollen der verschiedenen Menschentypen hineinversetzt und sie miteinander das Projekt beratschlagen lassen. Erst, als er das Okay der Leute hatte, begann er mit der Verwirklichung. Diese Strategie hat Robert Dilts bei Walt Disney herausgefunden und für uns nachvollzieh- und anwendbar gemacht.

Vielleicht möchten Sie auch einmal diese Methode versuchen. Sie ist einfach und effektiv und macht großen Spaß. Sie brauchen dazu einen Raum, der Platz für vier Personen- und Sitzpositionen hat. Diese Plätze sind für den »Träumer«, den »Realisten« und den »Kritiker« sowie für eine neutrale Person gedacht. Wenn Sie sich nun an die Ankertechnik erinnert fühlen, liegen Sie durchaus richtig, ebenso, wenn Sie an das Modell mit den verschiedenen Persönlichkeitsanteilen denken.

Der »Träumer«, der »Realist« und der »Kritiker«
sind jeweils unterschiedliche Anteile Ihrer Persönlichkeit. Diese werden auf drei verschiedene Positionen im
Raum verteilt, weil durch die räumliche Unterschei-
dung eine exaktere Trennschärfe möglich ist, als wenn
Sie alle Typen von einer Position aus nur im Kopf
durchspielen.

Wenn Sie sich einen Raum gesucht und die drei
Personen an drei Plätzen plaziert haben, notieren Sie
auf einem Blatt Papier deren Namen und verteilen
Blätter im Raum auf den jeweiligen Plätzen. Welches
Thema möchten Sie bearbeiten? Wo könnten Sie
einen kreativen Kick gebrauchen? Es müssen bei wei-
tem nicht immer große Themen sein. Es bieten sich
auch Themen an wie beispielsweise: Wie und wo kann
ich einen wunderschönen Traumurlaub mit schmalem
Budget verbringen? Wie kann ich mehr Pep in unser
Familienleben bringen? Wie und wo kann ich einen
geeigneten Nebenverdienst finden?

Begeben Sie sich auf eine neutrale Position, und
erinnern Sie sich an eine Zeit, in der Sie besonders
kreativ waren. Da können Ihnen ganz verblüffende
Situationen einfallen, z. B. als Sie als Kind etwas für
den Muttertag gebastelt oder Tagebuch geschrieben
haben. Denken Sie an irgend etwas ganz Besonderes,
von dem Sie wissen: Es war eine Zeit mit vielen guten
Wahlmöglichkeiten. Wenn Sie sich in die damalige
Situation versetzen, mit Ihren Augen sehen, was es zu
sehen gab, hören, was zu hören war, schmecken, riechen und vor allem fühlen, dann begeben Sie sich in die
Position des »Träumers«. Schwelgen Sie noch eine
Zeitlang in Ihrer Kreativität. Wenn Sie genug haben,
gehen Sie wieder zur neutralen Position.

Jetzt erinnern Sie sich an eine Phase in Ihrem Leben,
als Sie einen Plan sehr sorgfältig bedacht, abgewogen
und verwirklicht haben. Das kann z. B. ein gemeinsa-
mes Unterfangen mit Ihrer Familie gewesen sein oder

ein von Ihnen organisiertes Fest. Vielleicht war es auch
ein Auftrag Ihrer Firma. Wenn Sie sich ganz in die
Situation versetzt haben, mit Ihren Augen sehen, was
es damals zu sehen gab, hören, was zu hören war,
riechen, schmecken und fühlen, dann begeben Sie sich
in die Position des »Realisten«. Schwelgen Sie auch
jetzt noch etwas in diesem Gefühl. Wenn es genug ist,
gehen Sie wieder auf die neutrale Position.

Jetzt erinnern Sie sich an eine Zeit oder Situation,
als Sie ein Vorhaben von jemand anderem konstruktiv
kritisiert haben. Sie konnten die Stärken und Schwächen sehen und entsprechend optimieren. Das kann
der Plan für die Weltreise Ihres Sohnes gewesen sein
oder die Baupläne für Ihr Haus. Vielleicht war es auch
die Werbekampagne der Firma Ihres Mannes. Gehen
Sie wieder mit Haut und Haaren in die Situation hinein. Wenn Sie auf dem Höhepunkt sind, setzen Sie sich
auf die Position des »Kritikers«. Dann genießen Sie
noch eine kleine Weile Ihr Gefühl.

Sie haben nun die Voraussetzung geschaffen, um ans
Werk gehen zu können. Denken Sie an Ihr Problem
oder Thema, das Sie gerne bearbeiten möchten, und
begeben Sie sich auf die »Träumer«-Position. Lassen
Sie den Träumer träumen. Alles ist möglich. Was würden Sie tun, wenn Sie gar nicht versagen könnten,
wenn Ihnen alles gelingen müßte? Lassen Sie sich die
Zeit, die Sie brauchen.

Gehen Sie dann in die Position des »Realisten«.
Denken Sie über die Vorschläge, Pläne, Empfehlungen
und Ideen des Träumers nach. Dabei helfen Ihnen u. a.
folgende Fragen: Wie komme ich am elegantesten zum
Ziel? Was ist machbar? Was müßte ich alles tun? Was
ist der Preis? Wie kann ich es bewerkstelligen?

Wenn Sie hier genug Input bekommen haben, gehen Sie zur »Kritiker«-Position: Fehlt noch etwas?
Wurde etwas vergessen? Kann etwas schiefgehen? Was
ist, wenn es schiefgeht? Diese und ähnliche Fragen

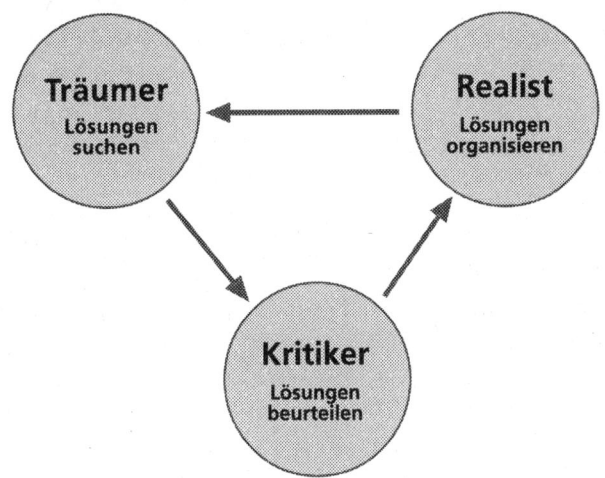

Abb. 3: Walt-Disney-Strategie

beschäftigen Sie in dieser Position. Nach einiger Zeit gehen Sie zurück zum »Träumer«.

Jetzt beziehen Sie dort den ganzen bisherigen Input mit in die Planung ein, so daß Sie im wahrsten Sinne des Wortes zu einem »realistischen Traum« kommen. Gehen Sie dazu noch einmal die »Realisten«- und die »Kritiker«-Positionen durch. Wenn alle nur noch zustimmen und niemand etwas ändern möchte, haben Sie eine erfolgversprechende neue Lösung. Wie fühlt sich diese Lösung auf der neutralen Position an? Wie hört sich der innere Kommentar an?

Wenn Sie möchten, können Sie in Gedanken in die Zukunft gehen, gerade dorthin, wo Sie die neue Lösung verwirklicht haben werden. Wie fühlt sich das an? Gibt es eher lobende oder eher kritische Stimmen?

Konnten Sie während der Übung feststellen, daß der »Träumer« eher in Bildern zu Ihnen spricht (Sie erinnern sich: Augen rechts oben)? Vielleicht haben Sie als »Träumer« einen Film gesehen. Lebt bei Ihnen auch

der »Realist« im Hier und Jetzt und schickt Ihnen
entsprechende Gefühle, die Ihnen konkret sagen, was
stimmt und was nicht? Trifft es bei Ihnen zu, daß der
»Kritiker« sich lautstark zu Wort meldet, um Sie seine
Meinung wissen zu lassen?

An dem soeben beschriebenen Modell sind demnach
alle Hauptsinne beteiligt – ein Zeichen dafür, daß der
ganze Mensch harmonisch einbezogen wird.

Mindmapping

Die Methode des *Mindmapping* wurde von Tony Buzan entwickelt. Es geht darum, die beiden Gehirnhälften besser zu organisieren. In unserem Tagesbewußtsein ist normalerweise die linke Hälfte des Großhirns dominant; dies bedeutet, daß kaum Kreativität, dafür um so mehr Ordnung herrscht. Hier kann mit Hilfe des *Mindmapping* ein Gegengewicht geschaffen werden.

Mindmapping funktioniert so: Auf ein leeres Blatt Papier wird in die Mitte das Thema geschrieben, für das kreative Lösungen zu finden sind. Im Rahmen eines Brainstormings werden auf Haupt- und Nebenästen, die von der Mitte ausgehen, spontan Lösungen notiert. Eine Hilfe zeigt die folgende vorstrukturierte Abbildung. Es geht darum, daß Sie dort Ihre persönlichen Anwendungsmöglichkeiten von NLP erfassen. Verwenden Sie Stifte verschiedener Farben, und notieren Sie spontan, was Ihnen einfällt. Die verschiedenen Gedanken schreiben Sie jeweils in Form eines einzelnen markanten Wortes auf die Haupt- und Nebenzweige, wobei Sie selbstverständlich weitere Zweige nach Belieben hinzufügen können. Arbeiten Sie mit verschiedenen Farben; umranden Sie beispielsweise gleiche Gedanken oder Gedankenkomplexe in einheitlicher Farbe. Markieren Sie auch auftauchende Zusammenhänge mit Pfeilen. Zur Abwechslung können Sie auch einmal als Rechtshänder mit links schreiben oder umgekehrt; dies ist neben der Spontaneität des Brainstormings ein weiteres Mittel, um die rechte, kreative Gehirnhälfte in Gang zu setzen.

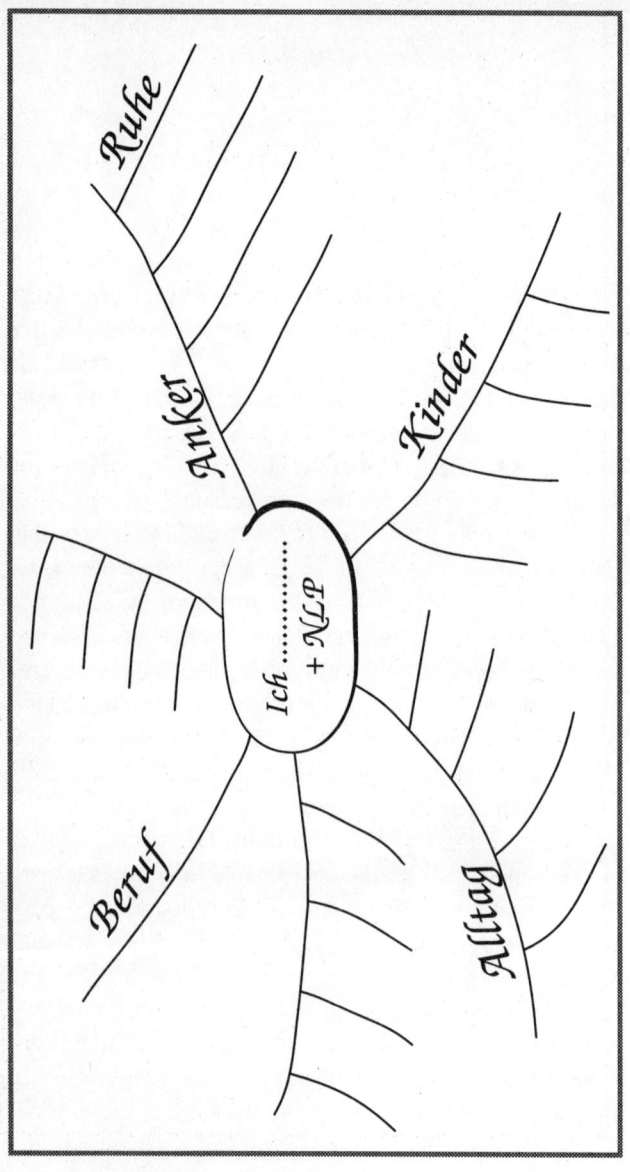

*Abb. 4: Mindmap zum Thema: Anwendungsmöglichkeiten
von NLP (Bitte ausfüllen!)*

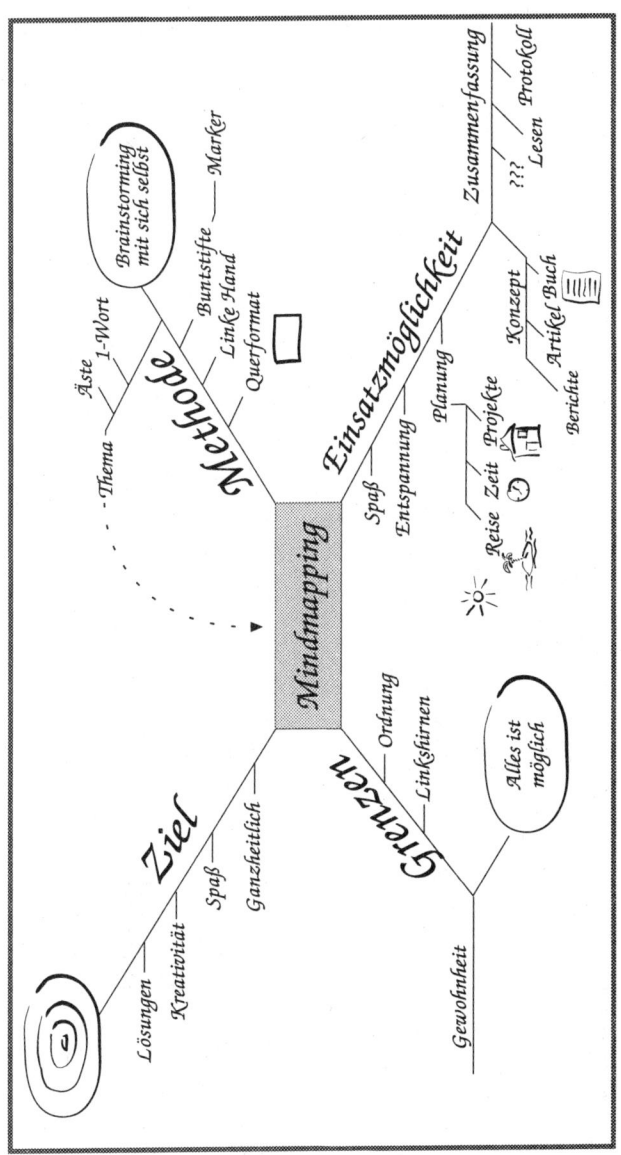

Abb. 5: Mindmap zum Thema Mindmapping

Mindmaps können Sie vielfältig einsetzen, z. B. für die Planung von Reisen, für die Konzeptionierung von Büchern, Artikeln und Berichten, für Reden, Vorträge oder Referate. Sie können auch gelesene Bücher oder Seminare in *Mindmap*-Form zusammenfassen. Der Vorteil liegt außer in der Übersichtlichkeit auch in der Schnelligkeit: Statt ganze Texte zu schreiben, brauchen Sie nur wenige Wörter zu notieren und haben immer »alles auf einen Blick«.

Mindmapping öffnet Grenzen. Vielleicht ist Ihnen die Methode am Anfang noch etwas fremd. Doch nach einiger Übung werden Sie merken, daß *Mindmaps* schneller und effizienter sind als das lineare Denken. Denn im Grunde wissen Sie schon, was Sie wissen müssen – es kommt nur darauf an, das vorhandene Wissen zu aktivieren, und dies läßt sich mit *Mindmapping* leicht und schnell bewerkstelligen.

Gehen Sie beim *Mindmapping* immer folgendermaßen vor:

1. Verwenden Sie ein leeres Blatt Papier im Querformat.
2. Schreiben Sie Ihr Thema, für das Sie kreative Lösungen suchen, in die Mitte des Blattes, und zwar in Form eines markanten Schlagwortes, das viele Assoziationen weckt.
3. Notieren Sie spontan und ohne großes Nachdenken rund um den Kern, was Ihnen einfällt.
4. Schreiben Sie Ihre spontanen Einfälle auf Haupt- und Nebenäste, die sich um den Kern herum anordnen.
5. Verbinden Sie die verschiedenen Gedanken sinnvoll miteinander, z. B. indem Sie ähnliche Bereiche mit gleicher Farbe oder mit Pfeilen markieren.

Die Abbildung auf Seite 89 gibt Ihnen zusammenfassend ein *Mindmap* zum Thema *Mindmapping*.

NLP und Entspannung

So können Sie NLP zur Entspannung nutzen:

Zentrieren Sie sich, holen Sie tief Luft, atmen Sie tief ein und aus. Stellen Sie sich jetzt hin, und atmen Sie wieder tief ein und aus, eventuell mehrmals. Und dann erinnern Sie sich an einen Moment, in dem Sie besonders entspannt gewesen sind. Das kann z. B. eine Situation am Strand unter Palmen bei rauschenden Wogen und wohlig warmer Sonne auf der Haut gewesen sein – mit dem weichen Badetuch im Rücken . . . Oder es war vielleicht ein gemütliches, kuscheliges Wochenende. Während draußen der Regen gegen die Scheiben prasselte, war die Zimmertemperatur flauschig warm, verströmte die Duftlampe Ihren Lieblingsduft, und Sie lümmelten sich katzenhaft im Bett oder auf der Couch, im Hintergrund weiche Meditationsmusik.

Es war ein wunderschönes Erlebnis, und Sie können mit Ihren Augen sehen, was es zu sehen gab, hören, was zu hören war, riechen und schmecken, was damals zu riechen und schmecken war. Sie können genau diese durch das ganze Gemüt gehende Ruhe spüren und fühlen. Schwelgen Sie darin. Gehen Sie noch etwas tiefer und tiefer. Ankern Sie dann die Ruhe und die Entspannung.

Nun haben Sie zwei Möglichkeiten: Sie können sich diesen Entspannungszustand über den Anker abrufen oder einfach über den Gedanken an die konkrete Ruhesituation und die damit verbundenen Assoziationen. Sei es, daß Sie sich den Strand vorstellen oder das

Rauschen des Meeres hören oder die warmen Sonnen-
strahlen auf der Haut spüren. Wählen Sie die für Sie
angenehmere Methode.

Es gibt noch einen weiteren Weg, sich zu entspannen. Sie können selber leicht in Trance gehen, indem
Sie von fünf auf eins rückwärts zählen und in etwa so
vorgehen, wie in der folgenden Übung beschrieben.

Übung: Selbst-Trance

Sprechen Sie laut oder leise zu sich selbst wie im
folgenden Beispiel:

- Während ich hier stehe und den Boden unter den
  Füßen spüre, das Flugzeug und die Vögel höre,
  die wunderschönen Blumen in der Vase sehe, den
  leisen Windhauch spüre, mich sehr gut fühle,
  kann ich mich immer mehr entspannen.

- Und während ich hier stehe, den Boden unter den
  Füßen spüre, die Vogelgeräusche höre, den leisen
  Windhauch auf meiner Haut spüre, kann ich
  mich immer mehr entspannen und entspannen.

- Und während ich hier stehe, den Boden unter den
  Füßen spüre, die Vögel zwitschern höre, kann ich
  mich immer mehr entspannen und entspannen
  und entspannen.

- Und während ich hier stehe und den Boden unter
  den Füßen spüre, kann ich mich immer tiefer
  entspannen, gewinne ich immer mehr an Ruhe,
  Erholung und Wohlbefinden.

Das Prinzip dieser Trance-Technik ist einfach: Sie nennen am Anfang *fünf* sinnlich wahrnehmbare Ist-Zu-
stände und fügen *eine* Suggestion (in diesem Fall Ruhe
und Entspannung) hinzu. Beim nächsten Satz sind es
nur noch *vier* Sinneskanäle, die angesprochen werden,
dafür aber *zwei* Suggestionen, die eingefügt werden.

Machen Sie dann so weiter, bis Sie bei *einem* Sinnesein-
druck und *fünf* Suggestionen angekommen sind. In
diese Trance können Sie sich auch während anderer
Tätigkeiten bringen, z. B. beim Spazierengehen, bei
Hausarbeiten, Gartenarbeiten, Fernsehen oder anderen Routinetätigkeiten. Auch in Konferenzen und Be-
sprechungen, wenn gerade mal wieder ein langweiliger
Redner Ihnen und den anderen die Zeit stiehlt, haben
Sie die Möglichkeit, die Zeit produktiv zu nutzen.

Warnung: Während Sie ein Fahrzeug lenken oder Ma-
schinen bedienen, die bei Unachtsamkeit Gefahr für
Sie oder andere Menschen bedeuten, sollten Sie sich
keinesfalls in Trance versetzen.

Wozu Sie die Ankertechnik
verwenden können

In diesem Kapitel lernen Sie weitere Möglichkeiten und Varianten der Ankertechnik kennen. Im Grunde kann fast alles als *Anker* fungieren, also bestimmte Assoziationen auslösen, z. B. Fernsehspots wie die lila Kuh, Schreibgeräte wie der Kugelschreiber Ihres Chefs, der Anblick eines Kruzifixes oder das Yin-Yang-Symbol. Die Liste ließe sich unendlich fortführen. Testen Sie selber, wo und wie Sie von *Ankern* umgeben sind.

Wir messen den Dingen subjektive Bedeutungen bei, die sich von den objektiven Tatsachen unterscheiden. Die Deutung wird durch uns gegeben. Aber es gilt auch: Die Deutung wurde uns gegeben. Dies zu erkennen ist ein erster wichtiger Schritt, weil wir uns dann frei für Deutungen entscheiden und negative *Anker* durch positive ersetzen können.

Zwei Varianten der Ankertechnik bestehen im Ankerstapeln und Ankerverketten. Sie können *Anker* verketten, indem Sie sich komplexere Lebenssituationen mit hintereinander gereihten Ankern erleichtern und lösen, beispielsweise eine längere Frustrationsphase. Der Schritt vom Frust zur Lust ist nicht so leicht zu tun. Also bietet es sich an, eine Ankerkette zu setzen. Der Trick dabei ist, daß Sie die *Anker* so setzen, daß der eine quasi der Auslöser für den anderen ist. Sie können z. B. die Fingerknöchel nehmen, um die einzelnen *Anker* zu setzen und auszulösen. Dabei gehen Sie wie ein Klavierspieler – sowohl beim Setzen als auch beim Abfeuern – vor und setzen erst den kleinen, dann den

Ringfinger, dann die anderen Finger auf die Ankerstellen. Die Kette, die Sie ankern, könnte lauten: Neugier → Kreativität → Tatkraft. Wenn Sie diese *Anker* sauber gesetzt haben, denken Sie an Ihren Frust. Während Sie sich in diesen fallen lassen, lösen Sie den *Anker* für Neugier aus. Wenn Ihre Neugier auf dem Gipfel ist, feuern Sie den Kreativitätsanker ab. Ist dieser auf dem Höhepunkt, schießen Sie los mit dem Tatkraft-*Anker*. Machen Sie diese Übung mehrmals. Allein dadurch werden sich neue Bahnen in ihrem Hirn einschleifen, die Ihrem Frust die Tiefe nehmen und Sie spielerisch damit umgehen lassen.

Das Leben hält so manche Schleife für einen bereit. Im Bereich des Lernens haben Katja Dyckhoff und Klaus Grochowiak den Neugier-Erfolgs-Loop kreiert. Der setzt sich wie folgt zusammen: Neugier → Ernüchterung → Ausdauer → Erfolg (S. 30 f.)

Zuerst ist die Neugier: Sie gehen mit Begeisterung ein neues Projekt, ein interessantes Thema an. Alles scheint wie von selbst zu gehen. Und es macht großen Spaß. Doch nach einer Weile kommt die Ernüchterung. Der Spaß läßt nach, der Elan ist weg. Das kann sogar so weit gehen, daß Sie sich fragen, ob Sie überhaupt noch weitermachen wollen. Jetzt ist kluger Rat teuer. Ein möglicher Ausweg besteht darin, mit mehr Ausdauer und Frustrationstoleranz an das Unterfangen zu gehen. Rom wurde schließlich auch nicht an einem Tag erbaut. Aus eigener Erfahrung wissen Sie: Ist einmal dieser gefährliche tote Punkt überwunden, ist es lediglich eine Frage der Zeit, bis sich der gewünschte Erfolg einstellt. Edison hat viele tausend Versuche unternommen, bis ihm endlich die Konstruktion der Glühbirne gelang. Er hat nie aufgegeben. Vielmehr hat er jeden Fehlversuch als Gelegenheit betrachtet zu lernen. Hat sich der Erfolg und damit das gute Gefühl dann eingestellt, kommt auch schon bald die Neugier wieder. Es gibt ja so viel zu entdecken, sei es in der Tiefe, d. h., daß man zu einem Thema immer besser Bescheid weiß, oder in der Breite, also über viele Themen etwas weiß. Ganz gleich in welche Richtung Sie Ihre Neugier schweifen lassen, die Ernüchterung wird nicht allzu lange auf sich warten lassen. Doch diesmal kennen Sie das Spiel schon, Sie haben dazugelernt.

Das Besondere an dieser Verkettung ist, daß die Enden der Ketten miteinander verbunden sind. Somit ergibt sich ein immerwährender Kreislauf, eine ständige spiralförmige Weiterentwicklung.

Welche Ketten oder Kreisläufe sind für Sie sinnvoll? Denken Sie eine Weile nach, und machen Sie sich dann Notizen. Bevor Sie eine Ankerkette festlegen, ist es hilfreich, eine regelrechte Anker-Inventur zu machen: Welche Anker haben Sie sich schon gesetzt? Folgende *Anker* sollten in Ihrem Repertoire sein: ein Ruheanker bzw. Entspannungsanker, ein Lernanker, ein Konzentrationsanker, ein Dissoziationsanker, ein Erfolgs- und ein Zielanker.

Machen Sie eine Liste der möglichen *Anker*. Bitte notieren Sie sich auch, wo Sie sich diese *Anker* setzen, damit es nicht zu Verwicklungen kommt und Sie beispielsweise den Fitneßanker an der gleichen Stelle ankern wie Ihren Ruhe- oder Schlafanker. Bei Ihrer Bestandsaufnahme hilft Ihnen die folgende Tabelle.

Anker-Übersicht

Meine Anker	wie/wo gesetzt
Lernanker	rechtes Ohrläppchen
Ruheanker	tief ausatmen + OM
Fitneßanker	Faust ballen + »Power« schreien
Erfolgsanker	
Ziel: Haus	»Freudentanz« um »Haus«
Ziel: Abitur	

NLP zeichnet sich durch Flexibilität und Wahlmöglichkeiten aus. Sie wissen, daß Sie sich *Anker* wie beispielsweise Ruhe, Selbstvertrauen, Heiterkeit entweder an drei verschiedenen Stellen oder alle drei an einer Stelle setzen können. Darüber hinaus können Sie auch die Ressourcen an einer Stelle stapeln. Das würde bedeuten, einen Megaanker zu haben. Spielen Sie mit den Möglichkeiten, finden Sie Ihre eigenen Vorlieben. Was macht Ihnen am meisten Spaß, was hilft und nutzt Ihnen am meisten?

Auf folgende Weise können Sie negative *Anker* auflösen: Angenommen, Sie haben herausgefunden, daß die Stimme Ihres Chefs absolut negativ auf Sie wirkt, dann können Sie diese Wirkung neutralisieren oder sogar ins Positive kehren. Eine Möglichkeit besteht darin, immer dann, wenn Sie die Stimme hören, einen positiven *Anker* auszulösen. Eine weitere Möglichkeit ist gegeben, wenn Sie genau das auslösende Moment erkennen. Erinnern Sie sich daran, wie Sie zum ersten Mal diese Stimme gehört haben. Vielleicht ändert sich schon etwas, wenn Sie die Stimme in Ihnen etwas verändern, indem Sie darauf achten, wie und wo sie bei Ihnen ankommt. Kommt sie in Höhe der Ohren an, oder kommt sie über Ihnen, unter Ihnen oder an einem anderen Punkt an? Wenn Sie versuchen, die Stimme am »richtigen« Ort zu empfangen, ändert sich möglicherweise schon deren negative Wirkung ein wenig.

Mit der nun folgenden Übung, die Sie aus dem zweiten Teil kennen, können Sie die negative Erfahrung zu einer positiven, zumindest aber neutralen machen, d. h. den negativen *Anker* auflösen. Dafür wählen Sie die *Change History*-Technik, indem Sie sich einen positiven *Anker* aussuchen. Dieser *Anker* soll ein Ressourcen-*Anker* sein, d. h. Ressourcen bereitstellen, die Sie in schwierigen Situationen brauchen könnten bzw.

gebraucht hätten; um solche Situationen positiv zu durchleben, ankern wir.

Wenn Sie die positive Situation geankert haben, denken Sie wieder an eine neutrale Situation. Anschließend versetzen Sie sich wieder in die negative Situation bzw. an den Anfang der Übung. Während Sie die negative Situation durchleben, halten Sie den positiven Ressourcen-*Anker* gedrückt und durchleben die Situation mit diesen Ressourcen. Das machen Sie so lange, bis die Situation sich derart verändert hat, daß Sie sehr gut damit leben können. Auf diese Weise ist der negative *Anker* neutralisiert.

Manchmal ist es so, daß man keine Zeit hat, alle möglichen negativen Anker zu neutralisieren bzw. auszuschalten. In dem Fall ist es schon sehr hilfreich und wichtig, sich überhaupt die negativen Anker ins Bewußtsein zu rufen. Allein dadurch wird sich einiges ändern. Sie können sich darauf freuen.

Haben Sie schon einmal vom Feuerlauf über glühende Kohlen gehört? Manche Seminaranbieter bieten in ihren Programmen einen solchen Feuerlauf für die Teilnehmer an, um das Credo »Alles ist möglich« zu ankern. Obwohl ein solcher Feuerlauf recht spektakulär und gefährlich zu sein scheint, haben wissenschaftliche Untersuchungen ergeben, daß die Verletzungsgefahr sehr gering ist. Das hängt mit der Relation von Temperatur, Verweildauer auf den glühenden Kohlen und Hautwiderstand zusammen. Wer einen solchen Feuerlauf mitmachen will, der sollte es dennoch tun, wenn es ihm Mut gibt und einen positiven *Anker* setzt. Ähnlich verhält es sich übrigens mit dem Barfuß-Lauf über Glasscherben.

Derartige Mutproben spielen sich überwiegend im Kopf ab. Stellen Sie sich ein Brett von zwei Meter Länge vor, das nur 20 Zentimeter breit ist, und balancieren Sie darüber. »Keine Kunst«, werden Sie sagen und die Übung mit Leichtigkeit absolvieren. Jetzt machen Sie die gleiche Übung mit einer kleinen Änderung, nämlich in 200 Meter Höhe von einem Hochhaus zum anderen . . .

Die Chakren

»Chakra« kommt aus dem Indischen und bedeutet »Rad«. Damit sind verschiedene Energiezentren im Innern des Menschen gemeint. In unserem Zusammenhang sprechen wir von sieben Hauptchakren, die entlang der Wirbelsäule angeordnet sind, und einigen Nebenchakren. Diese befinden sich im Handteller, in der Mitte der Fußsohlen und im Atlas, dem obersten Halswirbel, also genau an der Verbindungsstelle zwischen Hals und Wirbelsäule bzw. am Endpunkt der Wirbelsäule. Der Atlas ist im Grunde der Gegenpol des Wurzelchakras.

Die Chakren haben verschiedene Funktionen. Zum einen dienen sie als Empfangsorgane für die kosmische und göttliche Energie. Stellen Sie sich vor, daß der ganze Kosmos aus Energie besteht. Was wir als feste Materie wahrnehmen, ist in Wirklichkeit nichts anderes als »geronnene« Energie. Von daher ist auch NLP nichts anderes als Arbeit mit und an Energien.

Zum zweiten geben die Chakren Energie ab; sie harmonisieren und steuern den Energiefluß im ganzen Körper. Und drittens strahlen die Chakren bei etwas höher entwickelten Menschen die entsprechende Schwingung auch für andere fühlbar nach außen aus.

Der Energiefluß der Chakren fließt von unten nach oben, denn die höheren Chakren bekommen ihre Energie maßgeblich von den unteren Chakren. D. h., die Energie der unteren Chakren wird sublimiert, verfeinert, so daß sich schrittweise die feingeistige bzw. spirituelle Energie der höchsten Chakren herausbilden kann. Alle Chakren sind miteinander verbunden. Deshalb sollte keines vernachlässigt werden, damit das Gesamtsystem funktioniert. Nur im Einklang mit dem Gesamtenergiesystem ist der Mensch glücklich und zufrieden und kann sich in der gewünschten Richtung entwickeln.

Das erste Chakra oder Wurzel-Chakra liegt zwischen Kreuzbein und Steißbein und steuert die materielle Bewältigung des alltäglichen Lebens. Aus ihm bekommen wir die vitale Energie, morgens aufzustehen und loszulegen. Das Wurzel-Chakra verwurzelt uns mit dem alltäglichen Leben.

Das zweite oder Sakralchakra liegt zwischen dem fünften Lendenwirbel und dem Kreuzbein. Es regelt den Flüssigkeitshaushalt (Wasser und Salz) im Körper und wirkt auf Störungen im Urogenitalbereich, auf Erkrankungen des Blutes und Arthritis. Aus diesem Chakra kommt die sexuelle Energie; auch die Verdauung wird von hier gesteuert.

Das Nabel-Chakra oder der Solarplexus (Sonnengeflecht) liegt zwischen dem 12. Brust- und dem ersten Lendenwirbel. Es ist das Zentralorgan für die Steuerung des vegetativen Nervensystems. Hier geht es um die Verarbeitung neutraler Eindrücke und Gefühle wie Macht, Wille, Ehrgeiz, Wünsche und Verlangen. Erkrankungen des Magens und der Bauchspeicheldrüse haben ihre energetische Ursache im Nabel-Chakra.

Das Herzchakra liegt in der Körpermitte auf der Höhe des Herzens zwischen dem vierten und fünften Brustwirbel. Eine Aktivierung dieses Chakras wirkt sich positiv auf Herz und Kreislauf aus. Ein geöffnetes Herzchakra führt zu verstärktem Mitgefühl und Mitverstehen, also größerer Zuwendung zu anderen Menschen. Die sprichwörtliche »Herzenswärme« hat hier ihren Ort.

Das fünfte Chakra, Hals- oder Kehl-Chakra genannt, liegt zwischen dem siebten Hals- und dem er-

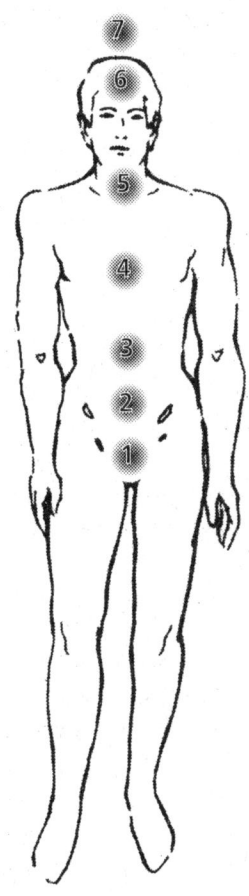

Abb. 6: Die sieben Chakren

1 – Wurzel-Chakra

2 – Sakral-Chakra

3 – Nabel-Chakra/Solarplexus

4 – Herz-Chakra

5 – Hals-/Kehl-Chakra

6 – Drittes Auge/Stirn-Chakra

7 – Kronen-/Scheitel-Chakra

sten Brustwirbel. Es steuert die Schilddrüse und ist
daher wichtig für das Wachstum der inneren Organe.
Das Halschakra ist mit Denken und Fühlen und besonders mit dem Selbstausdruck verbunden. Der Hals ist
eine sehr enge Stelle im Körper und daher für die
Energieverteilung wichtig. Das Halschakra hängt auch
mit dem Sprechen zusammen; ist es blockiert, führt
dies häufig zu Heiserkeit. Besonders für Menschen im
Lehr- und Kommunikationsbereich hat es eine Schlüs-
selfunktion.

Das sechste Chakra oder Stirnchakra wird auch als
»Drittes Auge« bezeichnet, weil es etwas überhalb der
Augen auf der Stirn liegt. Ist es völlig geöffnet – was
allerdings nur bei wenigen Menschen der Fall ist, dann
kann man auch mit diesem dritten Auge sehen, sogar
ohne die beiden anderen Augen. Physiologisch ist das
Stirnchakra mit der Hirnanhangdrüse verbunden. Es
beeinflußt vor allem die geistige Vorstellungskraft und
die Konzentration.

Das letzte Chakra ist das Kronenchakra, das sich auf
der Scheitelmitte in der Höhe der Fontanellen befin-
det. Seine Öffnung wird mit einem erleuchteten Be-
wußtseinszustand gleichgesetzt. Das Kronen- oder
Scheitelchakra ist die Öffnung des Menschen zum Un-
endlichen; es verbindet ihn mit der kosmischen, spirituellen, göttlichen Energie.

Die folgenden Übungen dienen dazu, die verschiedenen Chakren auf unterschiedliche Weise zu öffnen.
Dies bewirkt eine Harmonisierung der Energien,
mehr Gesundheit und größere geistige Klarheit.

Die folgenden Übungen fußen auf Shakti Gawein und
Walter Lübeck.

Übung: Erde und Kosmos verbinden

Setzen Sie sich hin, und entspannen Sie sich. Holen Sie mehrmals tief Luft, und atmen Sie durch den Mund aus. Wenn Sie möchten, nutzen Sie eine spezielle Entspannungsmethode, z. B. autogenes Training, progressive Muskelentspannung oder *Silva Mind*. Oder entspannen Sie sich mit Hilfe von NLP: Erinnern Sie sich, wie es gewesen ist, als Sie sich das letzte Mal wunderschön entspannt haben. Sehen Sie mit den Augen, was es da zu sehen gab. Hören Sie, was es zu hören gab, fühlen Sie, was es zu fühlen gab. Wenn es einen bestimmten Geruch gab, riechen Sie ihn. Wenn es etwas zu schmecken gab, schmecken Sie dies. Sie entspannen sich immer mehr; mit jedem Atemzug, den Sie tun, gehen Sie tiefer und tiefer.

Wenn Sie eine für Sie angenehme Entspannungsebene erreicht haben, stellen Sie sich vor, wie Sie als Mensch ähnlich wie ein Baum mit Ihren Wurzeln bis in die Erde reichen. Spüren Sie, wie die irdische Energie von Mutter Erde in die Wurzeln, in Ihren Körper über die Beine, vielleicht auch, wenn Sie möchten, durch Ihr Wurzelchakra in Ihren Körper fließt. Verfolgen Sie diesen Energiefluß, wie er vom Wurzelchakra zum nächsten Chakra, zum Sakralzentrum, von dort zum Solarplexus, zum Herz-, zum Kehlkopf-, zum Stirnchakra und zuletzt zum Scheitelzentrum kommt, wo er ausströmt. Wie bei einem Springbrunnen fließt die Energie dann außen an Ihnen herunter. Genießen Sie dies eine Weile.

Und dann stellen Sie sich bitte vor, die reine kosmische Energie – wenn Sie möchten, geben Sie ihr eine Farbe oder ordnen Sie ihr ein Symbol zu – tritt in Ihr Scheitelzentrum ein, geht dann durchs Stirnzentrum, weiter zum Kehlkopfzentrum, zum Herzzentrum, zum Solarplexus, zum Sakralzentrum und zum Wurzelchakra, bis in die Beine hinein. Spüren Sie diesen Energielauf, und spüren Sie, wie beide Energieflüsse, der Erdungsfluß von unten und der Fluß der kosmischen Energie von oben, miteinander verschmelzen. Geben Sie sich dem Gefühl eine Weile hin.

Nach fünf bis zehn Minuten lassen Sie langsam die Energieflüsse versiegen und begeben sich wieder in die »Wirklichkeit« zurück, z. B. mit Hilfe von NLP: Mit jedem Atemzug kommen Sie mehr und mehr in die Wirklichkeit zurück. Wenn Sie bis drei gezählt haben, sind Sie hellwach, voll da, erfrischt, glücklich und zufrieden.

Diese Übung dient dazu, um Blockaden aufzulösen und Energien zum Fließen zu bringen. Manchmal bedarf es mehrerer Versuche, um wirklich vorwärtszukommen. Häufig ist es aber auch so, daß schon der erste Versuch einiges bewirkt. Sie können diese Übung auch dazu verwenden, um in Ihrer Meditation weiterzukommen.

Übung: Lichtmeditation

Das folgende ist eine Variante der vorangegangenen Übung und dient ebenfalls dazu, Energien wieder in Fluß zu bringen, bzw. die »Batterien« wiederaufzuladen. Wenn Sie sich vollkommen entspannt haben, stellen Sie sich Lichtpunkte vor: Beginnen Sie am Scheitelchakra, und schreiten Sie Schritt für Schritt bis zum Wurzelchakra fort. Die Lichtpunkte sehen Sie, wenn Sie möchten, als eine Farbe oder in jeweils unterschiedlichen Farben. Fahren Sie so lange fort, bis Sie Ihren Körper umhüllt von den entsprechenden Farblichtern sehen können. Lassen Sie dies eine ganze Weile auf sich wirken. Wenn Sie genug haben, kommen Sie auf dem gleichen Weg, auf dem

Sie in die Meditation gegangen sind, wieder zurück in die »Wirklichkeit«. Bedanken Sie sich, daß Sie so feinfühlig sein können.

Übung: Kontakt zu den Chakren aufnehmen

Nun möchte ich Sie zu einem Experiment einladen. Die Basisbausteine kennen Sie: Sie sind mit den Chakren vertraut, und Sie kennen das Persönlichkeits-Verhandlungsmodell des NLP. Entspannen Sie sich zunächst wieder vollkommen nach der Ihnen gewohnten Methode. Und dann versuchen Sie, Kontakt mit Ihren Chakren aufzunehmen. Konzentrieren Sie Ihre Gedanken zunächst auf das Wurzelchakra. Sprechen Sie es an, ob es vielleicht mit Ihnen auch Kontakt aufnehmen möchte. Personifizieren Sie sämtliche Chakren, eventuell mit einer Farbe oder einem Bild. Stellen Sie sich vor, die Chakren sitzen alle an einem Tisch. Laden Sie sie ein, sich alle zu dem Tisch zu begeben, und lassen Sie sie miteinander reden – nacheinander selbstverständlich. Geben Sie ihnen entsprechende Namen. Fragen Sie sie, wie es ihnen geht. Bedanken Sie sich für das, was die Chakren für Sie getan haben, und bitten Sie sie um weitere Zusammenarbeit. Und bitten Sie auch um ein harmonisches Miteinander.

Einerseits dienen Ihnen die Chakren, andererseits sind sie aber auch die Abgeordneten und Vertreter der kosmischen Energie, oder, wenn Sie es anders nennen möchten: von Gottes Willen. Daher können Sie über die Chakren versuchen herauszufinden, was Gottes Wille ist. Und Sie können mitteilen, was Ihre Ziele sind. Stellen Sie sich dazu u. U. vor, wie Sie Chef einer Firma sind, der seinen Mitarbeitern und seinen Topmanagern die Unternehmensziele nennt. Oder stellen Sie sich vor, wie Sie als Familienoberhaupt Ihrer achtköpfigen Familie Ihre Ziele mitteilen. Egal welches Bild Sie wählen, es ist immer richtig. Wichtig für Sie ist, mit den Chakren zu arbeiten und mit den Antworten umgehen zu können. Wenn Sie einige Erfahrung damit haben, werden Sie feststellen, daß Sie sich besser fühlen, daß Ihre Energien glatter fließen, Sie im Fluß und einfach glücklicher sind.

Die verschiedenen Persönlichkeitsanteile und die Energie

Im zweiten Teil haben Sie einiges über Bedeutung und Möglichkeiten der verschiedenen Persönlichkeitsanteile im Zusammenhang mit NLP-Techniken erfahren. Nun wollen wir das gleiche Phänomen aus einer anderen Perspektive betrachten, nämlich der energetischen. Unter dem Gesichtspunkt der Energie setzt sich die Persönlichkeit des Menschen aus verschiedenen Anteilen zusammen.

So einzigartig jeder Mensch ist, so sind auch seine Anteile. Dennoch kann man von einigen bei allen Menschen vorkommenden Teilen sprechen: Dies sind besonders

- der Kreativitätsteil (er ist der Chef der Problemlösungsabteilung, aber auch der Abteilungen Malen, Dichtkunst, Spielen – mit einem Wort: das innere Kind),
- der Sicherheitsteil (er kann für alle Fragen der individuellen und familiären Sicherheit zuständig sein; Sie können ihn auch als eine Art Leib- und Seelenschützer sehen),
- der Lebensfreude-Teil (zuständig für alles, was Spaß macht, nicht zuletzt für die Sinnenfreuden),
- der spirituelle Teil (er beschäftigt sich gerne mit den Antworten auf die letzten Fragen des Lebens, d. h. mit geistigen Dimensionen, Philosophie, Religion und Esoterik).

Wenn Sie sich vorstellen, wieviele verschiedene Unter-

nehmen es gibt – vom Ein-Mann/Frau-Betrieb bis
zum Riesen-Konzern, vom Ökobauernhof zur High-
Tech-Waffenwerkstatt –, können Sie ahnen, daß die
Organisation der Persönlichkeitsanteile beim Menschen genauso ist.

Das Interessante ist, daß Sie die verschiedenen Teile
besonders dann ausmachen, wenn etwas aus der Ba-
lance geraten ist. Das kann sein, wenn Sie sich selbst im
Wege stehen, z. B. bei der Erledigung einer Aufgabe
immer wieder von vorn beginnen müssen, weil Sie
schlicht unkonzentriert sind, oder innerlich zwischen
zwei Entscheidungen schwanken. Bei Arbeitssüchtigen
kann es z. B. vorkommen, daß sie sehr wohl wissen, daß
eine Verschnaufpause nötig wäre, aber nicht danach
handeln; Krankheit kann dann die Folge sein, weil der
Schutzteil die Sicherung hat durchbrennen lassen.

Da die Teile bei den meisten Menschen zunächst
nicht bewußt sind, ist der Kontakt mit ihnen sehr oft
nicht verbal. Das liegt daran, daß unser Unterbewußtsein unsere normale Sprache als Kommunikationsmit-
tel nicht einsetzt. Es sendet uns statt dessen Zeichen.
Das können Träume, Bilder, Melodien, Gefühle oder
Gerüche sein. Hier gilt es äußerst wachsam zu sein.
Das Wissen und der Umgang mit den Persönlichkeitsanteilen erweitert Ihre Wahlmöglichkeiten, und Sie
werden die Zeichen genau so deuten, wie sie für Sie
stimmen – alles zu seiner Zeit und wie Sie es brauchen.

Das Kunststück bei den verschiedenen Persönlichkeitsanteilen besteht darin, das Ganze so zu arrangie-
ren, daß alle an einem Strang und in eine Richtung
ziehen. Dazu dient beispielsweise das Persönlichkeits-
verhandlungsmodell, das Sie schon im zweiten Teil des
Buches kennengelernt haben.

Für diejenigen, die sich schon mit Meditation beschäftigt haben und ihre Erfahrungen auf diesem Gebiet
sammeln konnten, ist das Buch von Hall & Stone *Du*

*bist viele – Das einhundertfache Selbst und seine Entdek-
kung durch die Voice-Dialogue-Methode* sehr interessant.
Fokus der *Voice-Dialogue*-Methode ist der energetische
Aspekt der Persönlichkeitsanteile. Während NLP eher
pragmatisch an der Lösung konkreter Probleme orientiert ist, ist die *Voice-Dialogue*-Methode spirituell aus-
gerichtet.

Im *Voice-Dialogue*-Prozeß geht es nicht darum, ein
bestimmtes Ziel zu erreichen, sondern die Selbsterkenntnis zu fördern. Ziel ist es, die Geschichte eines
Persönlichkeitsanteils bzw. einer Stimme oder Energie
kennenzulernen. Man geht von einer archetypischen
und hierarchischen Struktur der Stimmen aus. So gibt
es z. B. Hauptstimmen wie den »Antreiber«, den »Kritiker« oder den »Perfektionisten« und verdrängte
Selbste wie das »innere Kind«, die »Sinnlichkeit« und
die »Elternselbste«. Ziel des *Voice-Dialogue*-Prozesses
ist es, eine Bewußtheit zu fördern, einen selbständigen
Anteil, der steuert und schaltet und nicht mehr mit sich
schalten und geschehen läßt.

Ein Begleiter (Therapeut) nimmt den Dialog mit
den Stimmen auf, indem er mit ihnen wie mit richtigen
Menschen umgeht. So werden die verschiedenen
Stimmen der Reihe nach identifiziert, und es wird ihnen ein Platz im Raum zugeordnet. Auf diese Weise
kann das »bewußte Ich« herausgeschält und von den
Identifikationen mit den anderen Stimmen befreit
werden. Diese Freiheit führt zu einem Durchblick mit
mehr Wahlmöglichkeiten, in erster Linie aber Selbsterkenntnis. Das geläuterte und freigelegte »bewußte
Ich« kann nun ohne falschen emotionalen Ballast die
Energien und Stimmen managen.

Sie können auch alleine ohne Begleiter die *Voice-
Dialogue*-Methode einsetzen. Im Prinzip verfahren Sie
wie mit den Persönlichkeitsteilen im NLP. Nur diesmal gehen Sie ohne konkretes Ziel oder Problem in
den Prozeß. Kommen Sie zur Ruhe, entspannen Sie

sich, und horchen Sie in sich hinein. Vielleicht möchten Sie – wie jemand, der in einen fremden Raum
kommt, in dem er zunächst niemanden sieht – rufen:
»Hallo, ist da jemand?« Wer meldet sich bei Ihnen?
Hat diese Stimme eine Form? Können Sie ihr einen
Platz im Raum zuordnen? Können Sie einen Dialog
mit der Stimme aufnehmen und Fragen nach der Geschichte und Aufgabe stellen? Wie steht es mit der
Zukunft, wen kennt die Stimme noch? Was können Sie
für die Stimme tun? Was kann, will die Stimme für Sie
tun? Wenn es an der Zeit ist, beenden Sie das Treffen,
wie Sie es im wirklichen Leben machen würden. Sie
bedanken und verabschieden sich. Dann kommen Sie
wieder zu sich. Lassen Sie diesen Kontakt auf sich
wirken. Wenn Sie noch mehr wissen wollen, wiederholen Sie den Prozeß.

Seien Sie kreativ und spielen Sie mit den beiden Varianten NLP und *Voice-Dialogue*. Sie werden merken,
was Ihnen gut tut. Denken Sie daran, es sind alles
lediglich Modelle für eine so komplexe Wirklichkeit
wie Ihre Persönlichkeit.

NLP und Spiritualität

Der Geist ist alles; was du denkst, das wirst du.

Buddha

Vielleicht fragen Sie sich, nachdem Sie bis hierher das Buch schon durchgelesen und durchgearbeitet haben, was NLP mit Spiritualität zu tun hat. Auf den ersten Blick scheint NLP mit seinen Techniken, die auf Erkenntnissen der Gehirnforschung basieren, nichts mit Spiritualität, Geistigkeit, zu tun zu haben. Doch wenn Materie eine Form von Energie und Energie eine Form von Geist ist, dann paßt beides sehr gut zusammen. NLP ist natürlich unter diesem Gesichtspunkt ein wirksamer Erkenntnis-Hebel, weil es inhaltslos ist. Mit Ihren persönlichen Interessen, Einstellungen und Überzeugungen hauchen Sie den Werkzeugen des NLP erst Leben ein. Techniken wie *Modelling*, der Umgang mit *Submodalitäten* und *Ankern* können Ihnen helfen, persönlich reifer zu werden und besser zu lernen.

NLP und Meditation

Wenn die Wahrheit kommt, kommt sie a-verbal, sie ist
schweigend.   Osho

Auf welche Weise Sie auch meditieren: Sie können
Ihre Meditation mit Hilfe von NLP-Techniken optimieren oder verändern, z. B. mittels *Modelling.* NLP
bietet Ihnen in Ergänzung zu Ihren Meditationstechniken weitere Handlungsmöglichkeiten. Wenn Sie
das nächste Mal zur Meditation schreiten, erinnern Sie
sich an Ihr schönstes Meditationserlebnis. Versuchen
Sie, genau das zu sehen, zu hören und zu fühlen, was
Sie damals erlebt haben. Sie werden dann merken, wie
leicht und einfach Sie das gewünschte Meditationsni-
veau wieder erleben können. Vielleicht haben Sie auch
herausgefunden, daß bestimmte Anker (z. B. Gerüche,
Düfte oder Musik) Ihnen die Meditation erleichtern
bzw. sie vertiefen. Wenn Sie genau empfinden können,
wie Ihre letzte oder tiefste Meditation verlief, können
Sie auch versuchen, mit der Gefühls- bzw. Medita-
tionsintensität zu spielen. Sie können das Gefühlte,
Gehörte, Gerochene und/oder Gesehene verändern,
indem Sie es intensivieren oder abschwächen.

Auf diese Weise können Sie Ihre Meditation verfei-
nern. Doch denken Sie bitte daran: Wahre Meditation
ist absichtslos. Die genannten Kniffe und Tricks sollten
dazu dienen, Ihre Absichtslosigkeit zu bestärken.
Denn: »Beim Gebet spricht der Mensch zu Gott. In
der Meditation spricht Gott zum Menschen.« (Kurt
Tepperwein).

4. Teil

Ihr Lebensglück

Flow – Freude für ein
ganzes Leben

*Flow ist kein Luxusempfinden, sondern
Konfektionsware des Lebens.*

Mihaly Csikszentmihalyi

Manche Menschen haben eigentlich alles, was man
benötigt, um glücklich zu sein: einen netten Partner,
liebe Kinder, ein Auto, ein Haus, einen interessanten
Beruf – aber dennoch sind sie nicht glücklich. Anderen
wiederum fehlt es an allem: an einer Arbeitsstelle, an
Geld, an Gesundheit usw. Aber trotzdem fühlen sie
sich glücklich. Woran liegt das?

Ein Grund dafür liegt in den Gefühlen. Die Art und
Weise, wie jemand die Informationen, die er von der
Außenwelt bekommt, verarbeitet und bewertet, ist entscheidend für das Glücksgefühl. Der Forscher und
Psychologe Mihaly Csikszentmihalyi hat die Kriterien
für das Glücksgefühl herausgearbeitet. Menschen, die
sich glücklich fühlen und voller Freude sind, bezeichnen dieses Gefühl als *Flow* (»Fließen«). Das *Flow*-Ge-
fühl wird mit Begriffen wie Lust, Spaß und Freude
nicht hinlänglich beschrieben, weil solche Gefühle
nicht so intensiv sind.

Kennzeichnend für das *Flow*-Erleben ist das völlige
Aufgehen in einer Aktivität. Es ist so intensiv, daß der
Betreffende seine Umwelt um sich herum vollkommen
vergißt und häufig gar nicht mehr wahrnimmt. Besonders bei Tätigkeiten, die als kreativ erlebt werden, tritt
Flow ein; es ist allerdings subjektiv vollkommen unterschiedlich, was der einzelne jeweils als kreativ betrach-

tet. Für den einen mag dies eine künstlerische Tätigkeit in der Freizeit sein, für den anderen eine interessante Aufgabe im Berufsleben und für einen Dritten vielleicht die Arbeit im Haushalt.

Im *Flow* verschmilzt das eigene Bewußtsein so vollständig mit der Handlung, daß man im Fluß seiner Bewegung eintaucht. Dies bewirkt einerseits ein Gefühl der mühelosen Hingabe sowie des kreativen Entdeckens und Erkundens, gibt aber andererseits die Gewißheit, in jedem Augenblick das Richtige zu tun. Jede Bewegung ist selbst-katalysierend und bringt von allein die nächste hervor. Dabei verändert sich das Zeitgefühl: Die Zeit wird entweder als gedehnt oder als sehr kurz empfunden. Stunden scheinen in Minuten zu vergehen, oder Minuten dehnen sich scheinbar zu Stunden aus.

Im *Flow* ist der Mensch selbstvergessen. Sobald er jedoch anfängt nachzudenken und der Verstand einsetzt mit Fragen wie »Mache ich meine Sache gut?« oder »Sollte ich das wirklich tun?« wird die zuvor ungeteilte Aufmerksamkeit gespalten und das *Flow*-Gefühl unterbrochen.

Nach Csikszentmihalyi ist *Flow* das optimale Gleichgewicht zwischen Langeweile einerseits und Überforderung bzw. Angst andererseits. *Flow* tritt immer dann ein, wenn ein Gleichgewicht zwischen den Handlungsmöglichkeiten einerseits und den eigenen Fähigkeiten andererseits besteht, so daß der Mensch zum inneren Wachstum angeregt wird und seine Fertigkeiten weiterentwickelt. Bei Langeweile und Überforderung hingegen besteht kein Gleichgewicht, sondern die Waage kippt auf die eine oder die andere Seite; d. h., im Zustand der Langeweile ist der Mensch unterfordert, weil seine Fähigkeiten nicht ausgeschöpft werden, und im Zustand der Angst ist der Mensch überfordert, weil ihm zu viel abverlangt wird.

Obwohl *Flow* ein außergewöhnlicher, ekstatischer

Gefühlszustand ist, haben schon 87 Prozent aller Menschen dieses Gefühl mindestens einmal in ihrem Leben erlebt. Sicher können auch Sie sich an ein *Flow*-Erlebnis erinnern. Das intensive Glückserleben oder *Flow* hat etwas mit Lebensqualität zu tun. Menschen, die ihr Leben bewußt steuern, haben eine höhere Lebensqualität und erleben mehr *Flow*.

Wenn auch Sie Ihre Lebensqualität erhöhen wollen, sollten Sie die Übungen in den folgenden Kapiteln des vierten Teils machen. Sie dienen dazu, Ihre Lebensaufgabe klarer herauszuschälen und sich auf die wichtigen Ziele zu konzentrieren. Finden Sie Ihre individuellen Aktivitäten heraus, die Ihnen ein *Flow*-Gefühl vermitteln!

Was ist der Sinn Ihres Lebens? – Ihre Lebensaufgabe

Nichts ist unter Ihrer Würde, was Ihrem Lebensziel dient. Nichts ist groß und wünschenswert, wenn es diesem Ziel nicht dient.   R. W. Emerson

Die Qualität, nicht die Dauer des eigenen Lebens ist das, worauf es ankommt.   Martin Luther King

Willst du für dich leben, leb für andere.   Seneca

Viele Menschen machen sich intensiv Gedanken darüber, wie sie ihren nächsten Urlaub planen, aber nicht über ihr Leben und ihre Lebensaufgabe. Im Vergleich zu früheren Zeiten geht es uns heute sehr gut, sowohl im Hinblick auf materielle Dinge als auch auf die persönliche Freiheit. Auch wenn unsere Gesellschaft mit Massenarbeitslosigkeit, zunehmender Verarmung, Gewalttätigkeit, Umwelt- und Naturkatastrophen besonders gebeutelt ist, so ist dies doch nicht gleichbedeutend mit negativen Folgen für unser individuelles Leben. Es ist trotzdem möglich, ein positives und glückliches Leben zu führen. Voraussetzung dafür ist allerdings, den Sinn des eigenen Lebens und die persönliche Lebensaufgabe zu erkennen und innerlich anzunehmen. Die folgenden Übungen können Ihnen dabei helfen. Es geht darum, daß Sie das finden, was Sie so zufriedenstellt, daß Sie vollständig darin aufgehen. Der Erfolg wird sich dann zwangsläufig aus Ihrer Begeisterung (*Flow*) heraus einstellen. Es geht darum, Ihre Ziele immer mehr dem Sinn Ihres Lebens anzunä-

hern, bis diese beiden Bereiche schließlich verschmelzen. Das Streben nach der Umsetzung Ihres Traumes
ist die Entdeckung dessen, was Sie so gern tun, daß Sie
es auch ohne Bezahlung täten.

Wenn ein Mensch nichts gefunden hat, für das er
sterben würde, so ist er auch nicht fähig zu leben.

Martin Luther King

Übung: Den Sinn Ihres Lebens entdecken

Um die Frage nach dem Sinn dieses Lebens und der
Lebensaufgabe richtig beantworten zu können, ist
es wichtig, herauszufinden, wo Sie im Moment stehen. Beantworten Sie daher zunächst folgende Fragen: Welche Werte sind für Sie wichtig? Was ist der
Maßstab für Ihr Handeln? Stellen Sie sich vor, Sie
könnten ganz und gar Sie selbst sein, wären nicht an
materielle Dinge gebunden oder sozialen Zwängen
unterworfen. Welche Werte würden Sie in diesem
Fall beachten? Die folgende Werte-Liste kann Ihnen bei der Beantwortung der Frage helfen.

Werte (Beispiele):

Abenteuer,	Liebe,
Attraktivität,	Mut,
Aufregung,	Nächstenliebe,
Bildung,	Persönlichkeitsent-
der Beste sein,	wicklung,
Durchsetzungskraft,	Reichtum,
Entschiedenheit,	Respekt,
Erfüllung,	Schnelligkeit,
Freiheit,	Schönheit,
Freundschaft,	Selbstdarstellung,
geistige Bindung,	Selbstverwirklichung,
Gelassenheit,	Sicherheit,

Genuß,	Spaß,
Gesundheit,	Stärke,
Glück,	Stolz,
Heiterkeit,	Tatkraft,
Herausforderung,	Unabhängigkeit,
Intelligenz,	Unterstützung,
Klugheit,	Vertrauen,
Kommunikation,	Weisheit,
Können,	Wohlstand
Körperlichkeit,	u. v. m.
Lernen,	

Notieren Sie auf einem leeren Blatt Papier Ihre ganz persönlichen Werte. Überlegen Sie dabei, was Ihnen am allerwichtigsten ist und was Sie motiviert.

Im zweiten Schritt vergeben Sie Punkte. Gewichten Sie Ihre persönlichen Werte von 1 bis 20. Natürlich sind die von Ihnen herausgearbeiteten Werte nicht in Stein und Zement gemeißelt. Vielmehr kann es sein, daß Sie Ihre Liste noch mehrmals überarbeiten werden. Dann wird sich im Laufe der Zeit herauskristallisieren, was Ihnen wirklich wichtig ist. Das Ganze braucht Zeit, gibt Ihnen aber schon jetzt ungeheuer viel Kraft und Antrieb. Es macht Spaß zu wissen, wer man ist und was wichtig ist. Es gibt Gelassenheit, und Sie müssen nicht an jeder Weggabelung bzw. -kreuzung neu entscheiden, wo Sie hinwollen. Sie brauchen nun lediglich Ihrem eigenen Weg zu folgen.

Den herausgefundenen Werten entsprechen auf seelischer, geistiger und körperlicher Ebene Bedürfnisse. Die Werte sind der Filter für die Bedürfnisbefriedigung. Das heißt also, die Werte helfen Ihnen auf der Suche nach dem Sinn des Lebens. Nun geht es an die nächste Aufgabe.

Die Fragen lauten: Welche Rolle möchten Sie in Ihrem Leben spielen? Angenommen, Sie könnten

Ihren eigenen Nachruf schreiben, wie sollte der aus-
sehen? Auf den nächsten Seiten finden Sie Raum,
um Ihren Nachruf zu formulieren, z. B. für das *Who
is Who*. Trauen Sie sich. Viel Spaß!

Als nächstes suchen Sie bitte Ihr persönliches Lebensmotto. Es ist der Ausdruck für Ihren Leitstern
am Firmament. Ihr Lebensmotto beschreibt die
Richtung, in die Sie sich mit Ihrem Charakter und
Ihrer Persönlichkeit entwickeln.

Tod Barnhart beschreibt sein Lebensmotto beispielsweise folgendermaßen: »Ich weiß, daß es der
Zweck meines Lebens ist, zu lieben, mitfühlend,
mutig und lustig zu sein, Menschen zu bewegen und
auf das Leben anderer im großen Maß einzuwirken,
Spaß zu haben und dankbar allen Reichtum auf
jedem Gebiet anzunehmen.« (Barnhart: *Fünf
Schritte zum Reichtum*, S. 110).

Um Ihr Lebensmotto zu finden, können Sie sich
beispielsweise umschauen bei anderen Menschen,
in Ihrem Freundes- und Bekanntenkreis. Als wahre
Fundgrube erweisen sich immer wieder die Biogra-
phien von berühmten Menschen. Was ist das Lebensmotto Ihres Vorbilds? Sie haben Ihr Motto gefunden, wenn Gedanken, Klänge, Bilder und Gefühle, die durch Ihr Motto hervorgerufen werden,
Sie einfach beflügeln.

Nehmen Sie sich jetzt bitte Zeit zum Träumen, um
folgende Fragen zu beantworten, und zwar wiederum schriftlich: Angenommen Sie haben alle Zeit
der Welt und genug Geld, um zu tun und lassen, was
Sie wollen – was würden Sie dann tun? Was für ein
Leben würden Sie dann führen wollen? Und nehmen Sie weiterhin an, was Sie machen wollten,
könnte gar nicht fehlschlagen, es wäre also ohne
Risiko und in jedem Fall von Erfolg gekrönt.

Während das Lebensmotto Ihre persönliche Entwicklungsrichtung beschreibt, drückt die Lebensaufgabe aus, welchen Dienst Sie Ihren Mitmenschen leisten wollen. Je wertvoller Ihr Dienst für die Evolution, die gesamte Menschheit, ist, desto reichlicher werden Sie entlohnt, denn dienen kommt vor verdienen. Sie profitieren erst dann, wenn Sie Bedürfnisse anderer Menschen befriedigen. Auch wenn es hart klingt: Die meisten anderen Menschen interessieren sich einzig und allein für sich selbst. Wenn Sie dies akzeptiert haben, ist das gleichzeitig Ihre wunderbare Geld- und Goldquelle.

Beschreiben Sie jetzt Ihre Lebensaufgabe, indem Sie folgendermaßen vorgehen:

Am besten gehen Sie von Ihrer momentanen Situation aus und betrachten Ihre Aufgaben. Was sind Ihre Tätigkeiten? Womit verdienen Sie Ihr Geld? Was sind Ihre Hobbys? Sind Sie mit Ihrer Arbeit zufrieden? Würden Sie lieber etwas ganz anderes tun? (Denken Sie daran: Was Sie tun, kann nicht fehlschlagen!) Wenn Ihre Vorlieben in der Nähe Ihrer bisherigen Tätigkeiten angesiedelt sind, konzentrieren Sie sich auf den Kern Ihrer Aufgaben.

Angenommen, Sie sind mit Herz und Seele Verkäuferin in einer Boutique für Damenmoden. Ist es dann Ihre Aufgabe, Ihre Kundinnen mit Röcken, Blusen etc. einzudecken? Oder ist Ihre Aufgabe nicht eher, Ihre Kundinnen attraktiver und damit glücklicher zu machen? Denn die Moden wechseln über die Jahre, das Bedürfnis, attraktiver und glücklicher zu sein, hingegen bleibt konstant. Ein angenehmer Nebeneffekt dieses Durchblicks ist, daß Sie – die notwendigen Fachkenntnisse vorausgesetzt – auch andere Wege finden können, die Bedürfnisse Ihrer Kundinnen zu befriedigen, z. B. mit Schuhen, Kosmetik oder Schmuck.

Blicken Sie jetzt in die Zukunft: Gibt es eine Möglichkeit, Ihre bisherige Tätigkeit mehr dem Kern Ihrer Lebensaufgabe anzunähern, so daß Sie für sich mehr Glück (*Flow*) und Zufriedenheit aus Ihrer Arbeit ziehen können?

Steht Ihre Lebensaufgabe jetzt? Überprüfen Sie sowohl Lebensaufgabe als auch Lebensmotto, ob beide passen und stimmig sind. Welche Konsequenzen für Sie, Ihr tägliches Tun, Ihre Mitmenschen im engeren und weiteren Kreis haben Ihre Ergebnisse? Können Sie damit leben?

Schlafen Sie eine Nacht über Ihren Ergebnissen. Nehmen Sie morgen oder übermorgen Ihr Papier noch einmal zu Hand, und überprüfen Sie, ob es noch stimmt. Dann lassen Sie es wieder liegen und nehmen es nach einer Woche nochmals zur Hand. Ggf. ändern oder erweitern Sie Ihre Resultate noch. Sie haben nun einen wichtigen Schritt in die sinnvolle Richtung Ihres Lebens getan. Damit erfüllen Sie ein wichtiges Kriterium, um *Flow* zu erreichen und zu erhalten.

Manchmal gibt es die Situation, daß man weiß: Die Lebensaufgabe stimmt, die Ziele stimmen auch, aber um mein Ziel zu erreichen, müßte ich etwas Bestimmtes können, das ich nicht kann. Angenommen, Ihre Lebensaufgabe besteht darin, sich um die Seelen anderer Menschen zu sorgen. Das Ziel ist also Seelsorger, sprich: Priester zu werden. Sie haben alles, was dazu notwendig ist: ein Studium, Menschenliebe, Gottesfurcht und ein »Händchen« im Umgang mit Menschen. Aber Sie glauben nicht, daß Sie vor Menschen auf der Kanzel predigen können. Das ist ihre felsenfeste Überzeugung. Natürlich wissen Sie auch, daß Sie diesem Problem mit der *Swish*-Methode zu Leibe rücken können.

In den Geschichtsbüchern oder im *Who is Who (Wer ist Wer)* möchte ich mit diesem Text/dieser Fußnote erwähnt sein (= Nachruf):

_____

_____

_____

_____

_____

Mein Lebensmotto:

_____

_____

_____

_____

Meine Lebensaufgabe:

_____

_____

_____

_____

Dieses Beispiel zeigt, daß das, was wir von uns selbst glauben, maßgeblich ist für das, was wir erreichen können. Ändern wir die Einstellung, unseren Glauben (Glaubenssätze) über uns, so vergrößert sich automatisch unser Potential. Probieren Sie es selber aus. Die Antwort ist ebenso einfach wie entscheidend. Menschen neigen sehr schnell dazu, zu glauben, daß sie etwas nicht können, wenn es nicht auf Anhieb klappt. Doch häufig fehlt es nur einfach an Übung.

Zurück zu unserem Seelsorger: Er hat in seiner Schulzeit und während des Studiums festgestellt, daß er bei Referaten und Vorträgen eine zitternde Stimme, feuchte Hände und weiche Knie bekam. Daraus hat er messerscharf geschlossen, er könne nicht vor Menschen sprechen. Seinen negativen Glaubenssatz wandelt er um in: »Ich kann leicht und lustvoll predigen.« Nutzen Sie die folgenden Arbeitsbögen, um eine Inventur Ihrer Glaubenssätze zu machen. Mit Hilfe der *Swish*-Technik, die Sie im zweiten Teil gelernt haben, können Sie negative, unbrauchbare Glaubenssätze, die Sie an der Verwirklichung Ihrer Lebensaufgabe hindern, in positive umwandeln.

Alte Glaubenssätze

Das glaube ich **heute** von mir: Bewertung +/-

1

2

3

4

5

5

6

7

8

9

10

11

12

13

14

15

Negative in positive Glaubenssätze umformen:

☹	☺
Ich bin zu dick	Ich habe Idealgewicht und bin sehr attraktiv
Ich schaffe meine Diplomarbeit nicht	Ich habe es geschafft, ich bin Dipl.-Ing.

Neue Glaubenssätze

Das glaube ich **ab jetzt** von mir:
(Umformung alter, nicht konstruktiver Glaubenssätze
in positive und/oder Schöpfung neuer Glaubenssätze)

1 _____

2 _____

3 _____

4 _____

5 _____

6 _____

7 _____

8 _____

9 _____

10 _____

11 _____

12 _____

13 _____

14 _____

_____   _____
Ort, Datum   Unterschrift

Ziele aus der Lebensaufgabe

Erfolg hat nur der, der etwas unternimmt, während er auf den Erfolg wartet.　　　　Napoleon

Viele verfolgen hartnäckig den Weg, den sie gewählt haben, aber wenige nur das Ziel.
　　　　Friedrich Nietzsche

Aus Ihrer Lebensaufgabe, dem obersten Ziel, kristallisieren sich die Einzel- oder Unterziele heraus. Denn die Lebensaufgabe, die ein ganzes Leben und 30 oder mehr Jahre beansprucht, will aufgeteilt werden in Etappenziele. Man ißt ja auch eine Torte nicht mit einem Bissen, sondern Stück für Stück. Wer nie über sein Lebensziel nachgedacht hat, wird auch keine klaren Einzelziele festlegen können. »Nachdem sie ihr Ziel endgültig aus den Augen verloren hatten, verdoppelten sie ihre Anstrengungen«, schreibt Mark Twain über solche Menschen. Das ist es, was viele Menschen tun. Sie sind aber nicht viele Menschen, sondern Sie sind Sie, und Sie machen das ganz anders.

Übung: Etappenziele festlegen

Machen Sie zunächst eine Ziele-Inventur. Schreiben Sie alle Ihre Ziele und Wunschziele für die nächsten fünf bis zehn Jahre auf. Berücksichtigen Sie berufliche und private Ziele gleichermaßen. Wenn Sie dies getan haben, folgt der zweite Schritt, die eigentliche Kunst des Zielsetzens. Sie müssen sich entscheiden, was Sie wirklich machen wollen. In der Regel ist es so, daß die meisten Menschen so viele Ziele aufschreiben, daß sie für deren Realisierung mehrere Leben benötigen. Häufig werden auch Ziele aufgeschrieben, die sich gegenseitig widersprechen, z. B. Urlaub in diesem Sommer in der Karibik und Urlaub in diesem Sommer in Afrika. Das Ganze soll aber jetzt widerspruchsfrei gemacht werden. Dazu ist es hilfreich, wenn Sie sich Ihre Liste mit den Werten nochmal anschauen; zumindest sollten Sie die Werte bei den nächsten Schritten innerlich bereit haben.

Legen Sie folgende Kriterien an Ihre Ziele-Arbeit an:

1. Sie müssen sich mit Haut und Haaren, d. h. mit allen Sinnen, vorstellen können, Ihr Ziel erreicht zu haben.
2. Sie müssen objektive Kriterien haben, die Sie wissen lassen, daß Sie Ihr Ziel erreicht haben.
3. Sie müssen so tun, als ob Sie bereits Ihr Ziel erreicht hätten.
4. Sie müssen in der Lage sein, aktiv, mit Ihren Ressourcen (Fähigkeiten, Fertigkeiten) Ihr Ziel zu erreichen. (Hilf dir selbst, dann hilft dir Gott.)
5. Sie müssen sich einen Termin setzen, bis wann Sie das Ziel erreicht haben wollen.

Nehmen Sie Ihre Liste mit den Werten, und gehen Sie Ihre Ziele nach den genannten Kriterien durch. Was paßt dazu? Was widerspricht dem?

Als nächstes stellen Sie eine Rangliste auf. Welche Ziele wollen Sie unbedingt erreichen (denken Sie dabei an Ihre Lebensaufgabe, Ihr Lebensmotto und Ihre Werte)? Welche Ziele sind weniger wichtig?

Was sind – abgeleitet aus Lebensaufgabe und Lebensmotto – die fünf wichtigsten Ziele für die nächsten fünf bis zehn Jahre? Sie werden feststellen, daß Sie für manche Ziele lange Zeit veranschlagen müssen, weil sich die Aufgaben über Jahre hinweg verteilen. Bei anderen Zielen bedarf es eines geringeren Zeitaufwandes. Tragen Sie Ihre Ziele in die folgende Liste ein.

Wenn Sie Ihre Zielliste aufgestellt haben, lassen Sie sie auf sich wirken; schlafen und träumen Sie darüber. Fühlen sich die Ziele morgen und nach einer Woche noch immer gut an? Genauer: Fühlt es sich gut an, die Ziele erreicht zu haben? Können Sie sich vorstellen, daß Sie Ihre Ziele erreicht haben?

Vielleicht möchten Sie bei der Zielsetzung mit der *Timeline*-Technik arbeiten. Schließlich heißt es wörtlich Zielsetzung, d. h., Sie müssen die Ziele irgendwohin setzen. Dazu bietet sich die Zeitlinien-Technik an.

Sie kennen jetzt Ihren Lebenssinn, Ihre Lebensaufgabe, und haben gelernt, Ziele zu setzen. Jetzt gilt es, die Ziele zu erreichen, zu verwirklichen.

Meine wichtigsten Ziele

Aus meiner Lebensaufgabe ergeben sich folgende
Ziele für die nächsten 10 Jahre:

1.   Termin:

2.   Termin:

3.   Termin:

4.   Termin:

5.   Termin:

6.   Termin:

7.   Termin:

Aus meiner Lebensaufgabe ergeben sich folgende
Ziele für die nächsten 5 Jahre:

1.   Termin:

2.   Termin:

3.   Termin:

4.   Termin:

5.   Termin:

6.   Termin:

7.   Termin:

Aus meiner Lebensaufgabe ergeben sich folgende Ziele für die nächsten 12 Monate:

1.   Termin:

2.   Termin:

3.   Termin:

4.   Termin:

5.   Termin:

Aus meiner Lebensaufgabe ergeben sich folgende Ziele für die nächsten 4 Wochen:

1.   Termin:

2.   Termin:

3.   Termin:

4.   Termin:

5.   Termin:

Ich habe mich vergewissert, daß meine Ziele
- meinen Werten,
- meinem Lebensmotto,
- meiner Lebensaufgabe
- und damit mir und anderen (meinen Nächsten) dienen!

_____   _____

    Ort, Datum   Unterschrift

Konzentration auf die Ziele

Unmöglich ist nur im Wörterbuch für Toren zu finden.
Napoleon

Im Alltag ist es nicht leicht, sich auf seine Ziele zu konzentrieren. Es gibt viele Ablenkungen, wie z. B. Aufgaben, die einem von anderer Seite (dem Chef, dem Partner, den Kindern usw.) gestellt werden und die sich häufig dazwischendrängen. Schnell führt dies zur Verzettelung, und die Gefahr, die gesetzten Ziele aus den Augen zu verlieren, ist groß. Hier kann Konzentration helfen.

Konzentration ist die Kunst, Achtsamkeit und Aufmerksamkeit auf einen Punkt zu lenken. Wer immer ganz im Hier und Jetzt lebt und sich auf seine momentanen Aufgaben konzentriert, ist auch glücklich.

Meditation hilft, sich zu konzentrieren. Die Entspannung während der Meditation führt dazu, daß auch im Alltag der Kopf klar bleibt. Auch NLP kann hier helfen: Sie können sich beispielsweise einen Konzentrationsanker setzen.

Eine weitere Hilfe ist die Übung in Achtsamkeit, indem Sie sich bewußtmachen, was Sie gerade im Moment erleben. Dazu eine Übung:

Übung: Hier-und Jetzt-Inventur

Nehmen Sie sich eine Viertel- bis eine halbe Stunde Zeit, und bewaffnen Sie sich mit Papier und Stift.

Schreiben Sie das nieder, was gerade in Ihnen und um Sie herum vorgeht. Zum Beispiel: Ich sitze hier und lese ein Buch. Ich höre draußen die Vögel zwitschern. Ich höre Flugzeuggeräusche usw. Versuchen Sie, Ihre Achtsamkeit zu stärken. Diese Achtsamkeit lehrt Sie, Ihre Konzentration zu vertiefen. Wiederholen Sie die Übung eine Woche lang regelmäßig, jeweils für kürzere Zeit.

Eine andere einfache Übung:

Übung: Erleben der Sinnesfreude

Gehen Sie in der freien Natur spazieren. Ruhen Sie sich nach einer Weile aus, und setzen Sie sich hin. Öffnen Sie der Reihe nach verschiedene Sinneskanäle: Konzentrieren Sie sich auf das Sehen und die visuelle Wahrnehmung. Nach einer Weile wechseln Sie zur akustischen Wahrnehmung und konzentrieren sich ausschließlich auf das, was es zu hören gibt. Verfahren Sie so auch mit Ihren anderen Sinneskanälen, dem Riechen, Schmecken und Fühlen.

Ähnlich wie auf die Sinneseindrücke können Sie sich auch auf Ihre Ziele konzentrieren. Das befreit Sie von Ballast. Und wenn wieder einmal viele andere Menschen in Ihrer Umgebung an Ihnen zerren, weil jeder etwas anderes von Ihnen will, dann starten Sie wieder eine Rückbesinnung auf Ihre Ziele. Es ist schließlich Ihre Entscheidung, ob Sie leben oder »sich leben lassen«. Nehmen Sie immer mal wieder Ihre schriftlich fixierten Ziele zur Hand, und konzentrieren Sie sich auf das, was Sie wirklich wollen.

Das kann so erfolgen, daß Sie beispielsweise die Ziele herunterlesen und sich vorstellen, wie es ist, sie erreicht zu haben. Oder Sie finden Zeit, sich kurz zu entspannen, und stellen sich dann vor, wie Sie Ihre

Ziele erreicht haben. Gehen Sie Schritt für Schritt vor, und nehmen Sie sich ein Ziel nach dem anderen vor. Bereits erledigte Ziele sind Erfolge. Nichts ist erfolgreicher als erreichte Ziele, die Sie zu neuen Taten beflügeln.

Vertiefung – Dabeibleiben ist alles

Der Lebensweg ist nicht immer komfortabel. Eine Allee kann manchmal mitten im Gestrüpp enden, so daß man entweder ganz umkehren oder einen Umweg in Kauf nehmen muß. Manchmal muß man sich durch das Gebüsch schlagen, um am anderen Ende wieder auf der Allee anzukommen. Der Lohn der Mühe sind neue Einsichten, Eindrücke und Landschaften, die man noch nie gesehen hat, die anziehend und faszinierend sind.

Umwege und Irrwege sind normal. Niemand stand an unserer Wiege und prophezeite uns, daß wir im Schlaraffenland gelandet seien und man uns sämtliche Wünsche von den Lippen ablesen würde – auch wenn wir es manchmal doch ganz gerne so hätten.

Dabeibleiben ist alles. Meisterschaft, egal in welchem Bereich, erlangt man durch Üben, Üben und nochmals Üben. Seien Sie der Meister, die Meisterin, Ihres Lebens!

Ihr Leben ist wie ein Pfeil, der die Scheibe trifft. Er sitzt um so fester, je tiefer er dort eindringt. Es kommt darauf an, sich ein Leben lang herausfordernde Ziele entsprechend der Lebensaufgabe zu stellen; dies ermöglichen *Flow* und Glück. Wenn Sie ein Ziel erreicht haben und sich neue Wege eröffnen, zwischen denen Sie die Wahl haben, horchen Sie in sich hinein, gehen Sie sicher, daß der gewählte neue Weg mit Ihrer Lebensaufgabe übereinstimmt. Bevor Sie eine Entscheidung treffen, lassen Sie die Sache eine Weile ruhen. Wenn Sie sich entschieden haben, packen Sie die Dinge entschlossen an, und legen Sie los.

Schlußwort

Herzlichen Glückwunsch, daß Sie bis zum Schluß dabeigeblieben sind! Sie haben die NLP-Techniken kennengelernt und Ihren Alltag dadurch erleichert; Sie haben sich Lebensziele gesteckt und gelernt, bei ihrer Realisierung durchzuhalten.

Ich habe mich gefreut, einen Teil des Weges gemeinsam mit Ihnen zu gehen. Wenn ich ein ganz klein wenig dazu beitragen durfte, daß Sie ein bißchen mehr Glück in Ihrem Leben haben, dann hat sich die Arbeit an dem Buch gelohnt.

Alles Gute und viel Glück wünscht Ihnen

Ihr Hans-Christoph Kölsch.

Der folgende Rückblick dient dazu, daß Sie sich noch einmal vergegenwärtigen, was für Sie in diesem Buch wichtig war, was Sie gelernt haben.

Rückblick

1. Welche Kapitel, Techniken etc. waren für Sie besonders wichtig?

_____

_____

_____

2. Meine Lieblingstechnik ist: _____

3. Was haben Sie im Alltag umgesetzt?

_____

_____

_____

4. Was wollen Sie noch umsetzen?

_____

_____

_____

5. Checkliste: Bis wann werden Sie was umsetzen?

1. erledigt bis:

2. erledigt bis:

3. erledigt bis:

6. Über welches Thema würden Sie gerne mehr
   wissen?

_____

_____

_____

7. Was wollen Sie unternehmen, um Ihre NLP-
   Kenntnisse zu den von Ihnen gewünschten Themen zu erweitern (siehe Empfehlungen auf den folgenden Seiten)?

_____

_____

_____

Literatur, Kassetten und CDs

Auf den folgenden Seiten finden Sie wichtige und weiterführende Bücher, Kassetten und CDs, sortiert nach NLP, Energie, Meditation, Spiritualität, praktische Lebenshilfe und *Flow* (Glück).

Die mit ☺ versehenen Werke möchte ich Ihnen besonders ans Herz legen.

NLP

Bandler, Richard und Will MacDonald: *Der feine Unterschied. NLP-Übungsbuch zu den Submodalitäten.* Paderborn 1990

Bandler, Richard und John Grinder: *Neue Wege der Kurzzeit-Therapie. Neurolinguistische Programme.* Paderborn 1989

Bandler, Richard: *Veränderung des subjektiven Erlebens. Fortgeschrittene Methoden des NLP.* Paderborn 1992

Dyckhoff, Katja und Klaus Grochowiak: *Der Neugier-Erfolgs-Loop. Eine NLP-Lern- und Motivationsstrategie.* Mit Praxis-CD. Paderborn 1996

Heinze, Roderich und Sabine Vohmann-Heinze: *NLP – mehr Wohlbefinden und Gesundheit.* München 1996

James, Tad: *Time Coaching. Programmieren Sie Ihre Zukunft . . . jetzt!* Paderborn 1992 ☺

Krusche, Helmut: *Der Frosch auf der Butter. NLP – Die Grundlagen des Neurolinguistischen Programmierens.* Düsseldorf 1996 ☺

Kruse, Dittmar: *NLP. Flirt mit der Zukunft.* München 1995 (CD)

Lübeck, Walter: *Handbuch des spirituellen NLP.* Aitrang 1994

O'Connor, Joseph und John Seymour: *Neurolinguistisches Programmieren: Gelungene Kommunikation und persönliche Entfaltung.* Freiburg 1994

Robbins, Anthony: *Grenzenlose Energie. Das Power-Prinzip.* München 1994

Schmidt-Tanger, Martina und Jörn Kreische: *NLP-Modelle. Fluff & Facts. Das Basiskurs-Begleitbuch.* Freiburg 1994

Schott, Barbara: *Andere Wege wagen. NLP – Das Psycho-Power-Programm.* Reinbek bei Hamburg 1994

Energie, Meditation, Spiritualität

Berry, Vivienne, Rea Byers und Henry Roux de Bézieux: *Ein Kurs im Channeln. Durch NLP in Verbindung mit den geistigen Lehrern.* Freiburg 1996

Chopra, Deepak: *Die sieben geistigen Gesetze des Erfolgs.* München 1996

Herrigel, Eugen: *ZEN in der Kunst des Bogenschießens.* Bern, München, Wien 1989 (29. Auflage) ☺

Kakuska, Rainer: *Meditation – kurz & praktisch.* Freiburg 1996

Kopp, Wolfgang: *ZEN. Jenseits aller Worte. Unterweisungen eines westlichen Zen-Meisters.* Interlaken 1993

Kopp, Wolfgang: *Befreit Euch von allem. Ein radikaler Wegführer im Geiste des Zen und der christlichen Mystik.* Interlaken 1991

Osho: *Das Orangene Buch. Die Meditationstechniken.* Zürich 1994 ☺

Stamboliev, Robert: *Den Energien eine Stimme geben. Transformationsarbeit im Voice Dialogue.* Essen 1992

Stangl, Marie-Luise: *Die Welt der Chakren. Praktische Übungen zur Seins-Erfahrung.* Düsseldorf 1989 ☺

Stone, Hal und Sidra: *Du bist viele. Das 100fache Selbst und seine Entdeckung durch die Voice-Dialogue-Methode.* München 1994

Praktische Lebenshilfe

Barnhart, Tod: *Die fünf Schritte zum Reichtum. Machen Sie mehr aus Ihrem Geld.* Düsseldorf 1996 ☺

Beyer, Maria: *BrainLand. Mind Mapping in Aktion.* Paderborn 1993

Birkenbihl, Vera F.: *Stroh im Kopf. Oder: Gebrauchsanleitung fürs Gehirn.* Speyer 1992 ☺

Buzan, Tony: *Kopftraining. Anleitung zum kreativen Denken. Tests und Übungen.* München 1984

Carnegie, Dale: *Freu Dich des Lebens. Die Kunst, beliebt, erfolgreich und glücklich zu werden.* München 1988

Freitag, Erhard F.: *Hilfe aus dem Unterbewußten. Der spirituelle Weg zum Erfolg.* München 1986 ☺

Freitag, Erhard F.: *Kraftquelle Unterbewußtsein. Der Weg zum positiven Denken.* München 1984

Freitag, Erhard F. und Carna Zacharias: *Die Macht Ihrer Gedanken. Das Praxisbuch zur Kraftzentrale Unterbewußtsein.* München 1986

Gawein, Shakti: *Stell dir vor Kreativ visualisieren.* Reinbek bei Hamburg 1992 ☺

Kehoe, John: *Mind Power. Erkennen – Transformieren – Handeln. Der praktische Weg zu Gesundheit, Lebensfreude und Erfolg.* Aitrang 1993 ☺

Kelder, Peter: *Die Fünf »Tibeter«. Das alte Geheimnis aus den Hochtälern des Himalaja läßt Sie Berge versetzen.* Wessobrunn 1989 u. ö.

Kölsch, Hans-Christoph: *ABC der NLP-Anwendung.* München 1997 ☺

Maltz, Maxwell: *So können Sie werden, wie Sie sein möchten. Methoden der Selbstbildpsychologie.* Genf, München 1990

Mehlhorn, Lutz: *Hypno-Synchron-Cassetten-Programm.* Freiburg (Audio-Cassetten) ☺

Müller, Dagmar: *Autosuggestion – kurz & praktisch.* Freiburg 1996

Murphy, Joseph: *Ihr Weg zu innerer Sicherheit. Die Wahrheiten für ein perfektes Leben.* München 1987

Peale, Norman Vincent: *Die Wirksamkeit positiven Denkens. Der Weg zum neuen Lebensgefühl.* München 1986

Shinn, Florence Scovel: *Das Lebensspiel und seine Regeln.* Lindau 1990

Tepperwein, Kurt: *Kraftquelle Mentaltraining. Eine umfassende Methode, das Leben selbst zu gestalten.* Genf 1988

Tepperwein, Kurt: *Geistheilung durch sich selbst. Gesund und glücklich durch Psychokybernetik und Hypnomeditation.* München 1984 ☺

Triebel-Thome, Anna: *Feldenkrais. Bewegung – ein Weg zum Selbst. Einführung in die Methode.* München 1991 ☺

Vollmar, Klausbernd: *Fahrplan durch die Chakren. Ein Übungsbuch zur Aktivierung der Energiezentren.* Reinbek 1993

Wilde, Stuart: *Wunder – eine Anleitung in sieben Schritten.* Basel 1993

Flow

Argyle, Michael: *The Psychology of Happiness.* London 1993

Csikszentmihalyi, Mihaly: *Das Flow-Erlebnis. Jenseits von Angst und Langeweile: im Tun aufgehen.* Stuttgart 1985

Csikszentmihalyi, Mihaly: *FLOW. Das Geheimnis des Glücks*. Stuttgart 1995

Goleman, Daniel: *Emotionale Intelligenz*. München, Wien 1996

Huber, Andreas: Stichwort: *EQ Emotionale Intelligenz*. München 1996 ☺

Nützliche Anschriften

Vielleicht möchten Sie noch mehr über NLP wissen
oder ein Training absolvieren? Neben der aufgeführten Literatur können Ihnen die folgenden Anschriften
weiterhelfen:

Verlag Hermann Bauer KG
Postfach 167
D-79001 Freiburg
Telefon 07 61 / 70 82-111

Hier finden Sie vielfältige Literatur, Cassetten, Videos
und CDs zu esoterischen Themen und Neuem
Denken.

Deutscher Verband für NLP
Geschäftsstelle
Bert Feustel
Herzogstraße 83
D-80796 München
Telefon / Fax 0 89 / 3 08 13 06

Wenn Sie wissen wollen, wo in Ihrer näheren Umgebung NLPler (Anwender, Therapeuten, Trainer) sind,
finden Sie hier die kompetenten Antworten. Fordern
Sie das Mitgliederverzeichnis an.

Register

Register

Bitte beachten Sie die folgenden Seiten

Die neue Reihe » ... – *kurz & praktisch*«
im Verlag Hermann Bauer

Arie Luijerink / Marian van Staveren
Reiki – kurz & praktisch
176 S. mit zahlr. Abb.; gebunden; ISBN 3-7626-1105-X

Die Autoren, Reiki-Meister mit langjähriger Erfahrung, vermitteln sachlich und kompetent eine Heilmethode, die jeder bei sich oder anderen anwenden kann. Reiki bewirkt eine Reinigung des Körpers auf körperlicher und emotionaler Ebene.

Reinhard Lehner
Pendeln – kurz & praktisch
176 S. mit 11 s/w-Abb. u. 16 Pendeltafeln; gebunden;
ISBN 3-7626-1107-6

Reinhard Lehner – ein anerkannter Pendelfachmann – legt besonderen Wert auf den Praxisbezug. Einsteiger werden Schritt für Schritt in die Arbeit mit dem Pendel eingeführt. Der Fortgeschrittene findet in diesem Buch zu spezifischen Fragen die nötigen Antworten. Zahlreiche Übungen ermöglichen gleich von Beginn an die Arbeit mit dem Pendel.

Dagmar Müller
Autosuggestion – kurz & praktisch
192 S. mit 2 Zeichn.; gebunden; ISBN 3-7626-1108-4

Durch Autosuggestion können Sie Ihr ganzes Leben verändern. Dieses Buch zeigt Ihnen, wie Sie die Macht Ihrer Gedanken und Vorstellungen einsetzen können zur Entspannung, zur Förderung Ihrer körperlichen Vitalität und zu Ihrer Selbstentfaltung in Alltagsdingen und bei den großen Lebenszielen.

Verlag Hermann Bauer · Freiburg im Breisgau

Die neue Reihe » . . . – *kurz & praktisch*«
im Verlag Hermann Bauer

Ulrich-Jürgen Heinz
Runenübungen – kurz & praktisch
192 S. mit zahlr. Abb.; gebunden; ISBN 3-7626-1109-2

Der Autor hat eine Reihe ganzheitlicher Runenübungen entwickelt, die dazu dienen, die Gesundheit zu erhalten oder sie wiederherzustellen. Sie wirken auf alle Komponenten des Körpers und führen schnell und merkbar zum Erfolg.

Dr. Wighard Strehlow
Hildegard-Medizin – kurz & praktisch
208 S.; gebunden; ISBN 3-7626-1110-6

Die wichtigsten Rezepte und Heilanweisungen aus dem Arzneimittelschatz der heiligen Hildegard sind in diesem Buch zusammengefaßt. Erstmals beschreiben Patienten ihre erstaunlichen Heilungserfolge mit der Hildegard-Medizin.

Ingrid Kraaz von Rohr
Farbtherapie – kurz & praktisch
191 S. mit 3 Zeichn., gebunden; ISBN 3-7626-1102-5

Farben begleiten uns ein Leben lang, aber denken wir über die Wirkung nach, die sie auf uns haben? Die Heilpraktikerin Ingrid Kraaz von Rohr schafft hier Abhilfe: Sie informiert umfassend über Heilung mit Hilfe von Farben, über die Farbgestaltung von Wohn- und Arbeitsräumen, die Wahl der Farben unserer Kleidung und vieles mehr. Nach diesem Buch werden Sie die Welt nie wieder Grau in Grau sehen!

Verlag Hermann Bauer · Freiburg im Breisgau

Die neue Reihe »... – kurz & praktisch«
im Verlag Hermann Bauer

Hans-Dieter Leuenberger
Tarot – kurz & praktisch
205 S. mit 78 s/w-Abb.; gebunden;
ISBN 3-7626-1100-9

Mit gewohnter Klarheit und Sorgfalt vermittelt Hans-Dieter Leuenberger, anerkannte Autorität auf dem Gebiet des Tarot, alles, was man für den Umgang mit dieser alten Divinationsmethode wissen muß.

Kerstin Rosenberg
Ayurveda – kurz & praktisch
192 S. mit zahlr. Abb.; gebunden; ISBN 3-7626-1111-4

Ein Ratgeber der Ayurvedischen Medizin, der dem Leser hilft, diese altindische Wissenschaft kennenzulernen und in sein eigenes westlich geprägtes Leben zu integrieren. Mit praktischen Gesundheitstips und therapeutischen Empfehlungen.

Helmut Hofmann
Edelsteintherapie – kurz & praktisch
208 S. mit 7 Zeichn., gebunden; ISBN 3-7626-1104-1

Genaue Kenntnis der Steine und die Fähigkeit, ihre subtilen Energien heilbringend einzusetzen – Edelsteintherapie erfordert beides. Helmut Hofmann wird jedem Aspekt dieses umfangreichen Gebiets gleich gut gerecht. Klar, fundiert und leicht nachvollziehbar breitet er seine reichhaltige Erfahrung vor uns aus.

Verlag Hermann Bauer · Freiburg im Breisgau

Die neue Reihe » . . . – *kurz & praktisch*«
im Verlag Hermann Bauer

Rainer Kakuska
Meditation – kurz & praktisch
204 S. mit 15 Zeichnungen, gebunden;
ISBN 3-7626-1103-3

Was ist Meditation? Was bewirkt sie? Finden Sie es heraus! Selten hat es Ihnen ein Buch so leicht gemacht, das
volle Spektrum dieser spirituellen Disziplin selbst zu
erfahren. Der Publizist und Psychologe Rainer Kakuska verspricht Ihnen nicht das höhere Bewußtsein oder
gar die Erleuchtung – er zeigt Ihnen nur die ersten
Schritte auf dem Weg dorthin.

Rainer Wilhelm
Feldenkrais – kurz & praktisch
203 S. mit 60 Zeichn., gebunden; ISBN 3-7626-1106-8

Bewußtheit durch Bewegung sind die elementaren Be-
standteile der Feldenkrais-Arbeit. Experimentell und
spielerisch werden uns alle Details und Variationsmög-
lichkeiten von Bewegungsabläufen bewußt gemacht.
Dieses neu gewonnene Wissen über die Bandbreite unserer Möglichkeiten versetzt uns in die angenehme Lage, wählen zu können und uns für die optimale Variante
zu entscheiden.

Verlag Hermann Bauer · Freiburg im Breisgau